« Je veux continuer à vivre,
même après ma mort »

LE JOURNAL D'ANNE FRANK

L'histoire d'un livre

THOMAS SPARR

« Je veux continuer à vivre, même après ma mort »

LE JOURNAL D'ANNE FRANK

L'histoire d'un livre

Traduit de l'allemand
par Éric Dortu

CALMANN LEVY

CALMANN LÉVY

ÉDITEUR DEPUIS 1836

Titre original :
« Ich will fortleben, auch nach meinem Tod »
Die Biographie des *Tagebuchs der Anne Frank*

Couverture
Maquette : Caroline Gioux
Photographie :
© Anne Frank à l'école Montessori d'Amsterdam – 1940,
Collection Maison Anne Frank, Amsterdam

ISBN 978-2-7021-9139-2

Prologue

Mademoiselle Frank

Le 11 novembre 1950, le *New Yorker* publiait une « Letter from Paris » [Lettre de Paris] signée du pseudonyme « Genêt ». Cette chronique paraissait depuis vingt-cinq ans déjà et avait rendu célèbre son autrice, Janet Flanner, cinquante-huit ans, originaire d'Indianapolis. Elle faisait partie du cercle parisien d'Ernest Hemingway, Djuna Barnes, Ezra Pound, Gertrude Stein et Alice B. Toklas, Pablo Picasso, André Gide et Henri Matisse. Dès 1936, elle avait publié, également dans le *New Yorker*, la série en trois parties *Führer,* magistrale aussi bien dans le portrait que dans l'évaluation politique d'Hitler. Au début de la Seconde Guerre mondiale, Janet Flanner était partie pour New York, puis revenue en 1944 dans le Paris libéré et avait commencé alors à couvrir les procès de Nuremberg dans son émission de radio hebdomadaire *Listen : The Women* [Écoutez : les femmes]. Pendant de nombreuses années, elle fut la voix américaine de Paris.

Pendant l'hiver 1950, Janet Flanner était correspondante depuis la capitale française, qui vivait ses premières périodes de froid impitoyables. Les météorologues et autres grenouilles prévoyaient même que la Seine pourrait geler avant la fin de l'année. Elle rapporte dans sa chronique qu'on jouait alors *Le Conte d'hiver* de Shakespeare à la Comédie-Française et que l'Assemblée nationale, à nouveau convoquée, avait débattu, lors de ses premières séances diurnes et nocturnes, le projet du président du Conseil français René Pleven proposant une armée européenne commune. Ce plan avait finalement échoué en raison de l'opposition du Parlement, car la République fédérale d'Allemagne aurait dû être presque aussi forte que les autres pays en termes de formations militaires. Selon la journaliste, les idéalistes avaient espéré une Europe unie, le grand projet du XXe siècle. Le député communiste Billoux considérait quant à lui cette idée comme « une invention d'Hitler ».

Janet Flanner parle dans cet article d'un documentaire intitulé *La vie commence demain*[1], présentant une série d'interviews, une de Jean-Paul Sartre, qui donnait alors le ton dans le Tout-Paris, une autre du biologiste Jean Rostand, ainsi que d'André Gide et de l'architecte Le Corbusier. Et au milieu de cet instantané politique et culturel, comme dans chacune de ses chroniques, la journaliste new-yorkaise à Paris mentionne deux livres étrangers que le public français lit avec sérieux : *La Vingt-Cinquième Heure* de l'auteur roumain Virgil Gheorghiu, et le mince mais remarquable *Journal d'Anne Frank*.

En Hollande, le livre a eu un énorme succès. Anne visait à juste titre à devenir écrivaine une fois adulte. Ses analyses pointues de son amour pour le jeune Peter van Daan (qu'elle trouvait stupide), et son besoin d'exprimer par les mots son vécu, ses émotions, son rapport à la nature – elle vit la Lune une fois en un an, à travers une persienne, avec Peter à ses côtés – sont vraiment remarquables.

Le succès américain ultérieur du *Journal d'Anne Frank* est essentiellement dû à cette chronique, à cette seule Lettre de Paris.

Lorsque la maison d'édition Calmann-Lévy, fondée à Paris en 1836 et riche d'une longue tradition, fêta en 2016 son

1. Nicole Vedrès, *La vie commence demain*, 1950.

cent-quatre-vingtième anniversaire, elle publia à cette occasion un abécédaire des auteurs. Chaque lettre y correspondait à un auteur, à un livre et à leur histoire unique et singulière. Lorsqu'on arriva à la lettre F, le directeur de la maison d'édition, Philippe Robinet, envisagea avec les éditeurs *Madame Bovary* de Gustave Flaubert ou le livre d'Anatole France *Les dieux ont soif*. Le choix se porta finalement sur *Le Journal d'Anne Frank* afin d'évoquer le sort de la famille juive Calmann-Lévy, persécutée pendant la Seconde Guerre mondiale. L'occupant allemand avait « aryanisé » la maison d'édition et l'avait rebaptisée « Éditions Balzac » en 1943. Après la guerre, Calmann-Lévy revint à son nom et à sa tradition d'origine : la grande littérature française du XIXe siècle, Gustave Flaubert, George Sand, Honoré de Balzac, Victor Hugo, Dumas père et fils et la littérature juive du XXe siècle, surtout dans les livres historiques d'Arthur Koestler, Norbert Elias, Gabriel Wachman, pour ne citer qu'eux.

Dès 1949, Calmann-Lévy conclut un contrat pour *Le Journal d'Anne Frank*, qui parut l'année suivante. Aussi déterminée et efficace qu'ait pu être la maison d'édition, les ventes du livre laissaient à désirer, tandis qu'aux États-Unis, en Grande-Bretagne et en Allemagne, les chiffres de vente s'envolaient. Robert Calmann-Lévy s'en plaignit en septembre 1957 et pria Otto Frank de donner une interview à la télévision française afin de faire la promotion du livre. Otto Frank refusa – d'une part parce qu'il était sur le point de partir aux États-Unis, d'autre part parce qu'il avait rejeté jusqu'à présent toute demande d'interview dans d'autres pays. Robert Calmann-Lévy avait par ailleurs contacté Albert Camus la même année, le priant d'être l'auteur d'une version théâtrale du *Journal d'Anne Frank*. Le lauréat du prix Nobel de littérature de 1957 déclina la proposition. Le samedi 28 septembre 1957, le *Journal d'Anne Frank* fut finalement présenté pour la première fois au théâtre Montparnasse dans la version de Broadway. Pascale Audret, née en 1935, fut acclamée dans le rôle principal d'Anne. Cette représentation marqua la percée du *Journal* en France, tout comme aux États-Unis et dans d'autres pays. Une version audio fut produite pour les aveugles de guerre et les *Contes d'Anne Frank* furent publiés en français avec son *Journal*.

Otto Frank rapporta cependant à son éditeur français, le 19 avril 1958, qu'il entendait de plus en plus de critiques à propos de la préface de Daniel-Rops, « qui n'a jamais été à mon goût non plus ». Le rejet était plus qu'une question de goût et l'opposition croissante à la préface française du *Journal* avait des racines plus profondes. Le catholique Daniel-Rops, né en 1901, était à l'époque un historien et un auteur influent, qui lisait le *Journal* comme une profession de foi, le réinterprétant en termes chrétiens et finissant même par invoquer son Dieu face au destin d'Anne Frank. Sa préface était un mélange de sensiblerie, d'indélicatesse et de religiosité confuse, l'une découlant de l'autre. « Je viens de tourner la dernière page de ce livre et je ne puis retenir mon émotion. » Ah, si seulement Daniel-Rops s'était abstenu d'écrire ! C'est ainsi qu'il songe sur un ton larmoyant à ce qu'il serait advenu de « la merveilleuse enfant ». Dans l'Annexe, les Frank et les autres se seraient, de son point de vue, installés « comme des rats dans un trou ». Et Daniel-Rops termine sa préface en évoquant la religiosité d'Anne Frank. La seule chose que l'on puisse croire est, selon lui, que Dieu lui a répondu. Ce Dieu « qu'elle définissait si peu mais dont elle portait au cœur l'exacte image », il ne l'a pas abandonnée à Bergen-Belsen, conclut-il.

Que peut-on faire, demande Otto Frank à son éditeur français, pour se débarrasser de cette préface ? C'est ainsi que naquit le projet d'une « édition de luxe », conçue par Marc Chagall, qui était alors le peintre juif le plus important. Il associait dans ses œuvres le monde de la vie juive orientale, des histoires hassidiques et de la piété populaire aux constructions modernes. Il peignait pour des vitraux, des bâtiments gouvernementaux et des universités. Les anges en couleurs étaient son leitmotiv et tout le monde connaît le bleu Chagall. Cette édition du *Journal* parut finalement en 1959, ornée d'un ange en couverture.

Janet Flanner, quant à elle, resta à Paris et écrivit encore jusqu'en 1964 sa chronique légendaire, qui dura en tout presque quarante ans. Cette Américaine de Paris vécut la renommée mondiale du livre qu'elle avait fait connaître aux premières heures. Elle décéda en 1978, à l'âge de quatre-vingt-six ans, à New York.

Les livres ont leur destin et leur propre vie, leur propre biographie. En juin 1942, la fille de treize ans issue d'une famille juive allemande de Francfort-sur-le-Main avait commencé à écrire son journal dans sa cachette et continué jusqu'au jour de la rafle. Le 4 août 1944, les nationaux-socialistes arrêtaient les huit clandestins juifs. La famille Frank fut déportée à Auschwitz *via* le camp de Westerbork le 3 septembre 1944. La mère, Edith, y mourut en janvier 1945. Les deux sœurs, Margot et Anne, arrivèrent au camp de concentration de Bergen-Belsen au début de novembre 1944 dans un train de marchandises. Entre février et mars 1945, Margot, l'aînée de trois ans, mourut du typhus qui sévissait alors dans le camp, suivie quelques jours plus tard par Anne, âgée alors de quinze ans.

Seul le père, Otto Frank, survécut à Auschwitz et arriva finalement aux Pays-Bas à l'été 1945, après un voyage de plusieurs mois *via* Czernowitz[1], Odessa et la France. C'est à Amsterdam qu'il apprit le sort de sa famille : d'abord celui de sa femme, morte de faim, puis celui de ses deux filles. Il reçut le journal intime d'Anne des mains de Miep Gies, une employée de son ancienne entreprise Opekta, qui avait aidé la famille pendant sa période de clandestinité à partir de 1942 et lui avait fourni les produits de première nécessité. Après quelques hésitations, Otto se lança dans la lecture du journal et réalisa une première traduction en allemand de certaines parties du texte. La diffusion du journal devint sa raison de vivre.

Le Journal d'Anne Frank fut d'abord publié en néerlandais en 1947 sous le titre *Het Achterhuis* [L'Annexe], un titre qu'Anne

1. Actuelle Tchernivtsi en Ukraine.

elle-même avait envisagé pour ce qu'elle appelait son « roman ». En 1950, le livre fut publié en français, puis en allemand, aux États-Unis, en Israël et dans de nombreux autres pays.

Le *Journal* est devenu l'un des livres les plus lus au monde. Mais cela ne doit pas occulter les débuts difficiles de sa publication, ni les accusations de falsification de son contenu et d'affairisme ciblé du père. Le succès de ce livre – sa diffusion, ses traductions, ses adaptations sur les scènes et les écrans du monde entier, la célébrité du nom d'Anne Frank – se révèle être, à y regarder de plus près, une suite d'échecs, de malentendus, de contestations. La gloire du *Journal* dut s'imposer face à l'infamie du national-socialisme persistant en Allemagne, mais aussi ailleurs dans le monde, et l'image d'Anne Frank se diffracta d'emblée en d'innombrables facettes. Et pourtant – ou peut-être justement pour cette raison –, aucune autre œuvre littéraire n'eut autant d'influence que ce livre après 1945. Tout adulte en Europe ou ailleurs, presque tout écolier d'âge moyen a entendu parler d'Anne Frank, lu le *Journal*, vu un film ou une pièce de théâtre – que ce soit aux Pays-Bas, en Allemagne, aux États-Unis, en Afrique du Sud, en Asie, en Australie ou en Amérique latine.

Depuis des décennies, la biographie d'Anne Frank fait l'objet de recherches exhaustives, qu'il s'agisse des origines de la famille, de la vie d'Otto Frank, des amis, du cercle de ceux qui les aidèrent et de ceux qui les trahirent. La genèse du *Journal* fut minutieusement étudiée, en quatre étapes, et une édition critique fut finalement publiée. Les enfants peuvent désormais même reconstituer la cachette du 263, Prinsengracht. Il existe de nombreux livres, des films, des adaptations théâtrales, des morceaux choisis, des expositions, des centres et des initiatives qui portent le nom d'Anne Frank. Seul le chemin ou plutôt les chemins empruntés par le *Journal* lors de sa diffusion et de sa prise d'influence croissante n'ont pas encore été examinés de manière approfondie.

Le présent ouvrage s'interroge sur l'histoire du *Journal d'Anne Frank*, plus précisément sur *ses* histoires. S'agit-il d'un journal intime au sens courant du terme, tel qu'on le lit encore aujourd'hui ? Ou s'agit-il plutôt de littérature sous forme de journal intime ? … ce qui serait beaucoup plus proche de l'intention de la jeune autrice. Par quoi l'impact international de ce livre a-t-il été généré ? Quelles étaient les particularités et les stratégies de diffusion du *Journal* ? Quels étaient les phénomènes prévisibles ou intentionnels, quels ont été les effets involontaires ? Dans quelle mesure *Le Journal d'Anne Frank* a-t-il contribué à faire comprendre les crimes nazis ? Et inversement : dans quelle mesure le fait de « sentimentaliser » le journal a-t-il imposé des limites à cette compréhension ? Anne Frank et son *Journal* n'ont-ils pas été trop souvent tirés vers le kitsch ? Comment la réception du *Journal* a-t-elle évolué au fil des décennies ? Comment le lira-t-on et le comprendra-t-on à l'avenir ?

Pour trouver des réponses à ces questions, il a fallu étudier les correspondances des maisons d'édition, visiter les rédactions, lire les critiques, écouter les émissions de radio, mettre en parallèle les projets de représentations théâtrales ou de films qui ont été autorisés et reconstituer les audiences devant les tribunaux. La biographie d'un livre ne connaît pas la linéarité apparente de la vie d'un être humain, à laquelle nous nous référons pour rédiger sa biographie. La biographie d'un livre est encore moins soumise aux causalités que nous attribuons souvent à la vie des êtres. L'histoire de l'influence internationale du *Journal d'Anne Frank* est également déterminée par des hasards, créant parfois une simultanéité d'événements qui ne se révèlent qu'après coup. On le lit différemment au Cap, à Durban, à Tel Aviv, New York, Damas, Copenhague et Berlin, mais il est lu partout. La géographie est ici au moins aussi importante que la chronologie.

Un jour, j'interrogeai un groupe d'étudiants et d'étudiantes pour savoir qui avait lu *Le Journal d'Anne Frank*. Tous l'avaient lu, sauf une. Lorsque je lui demandai, étonné, quelle en était la raison, elle répondit qu'elle s'était sentie intimidée par le *Journal*

– intimidée par son importance, par ses nombreuses interprétations et, sans doute aussi, comme elle étudiait la théologie, par son caractère sacré.

L'histoire de l'impact du *Journal* révèle au grand jour les ambivalences qui lui sont inhérentes – un fait incroyable pour la postérité et malheureux pour les proches. Le journal intime est un document d'histoire contemporaine aussi inhabituel qu'il l'est en tant qu'œuvre littéraire. Au fil des années, on a eu tendance à le lire plutôt comme un document historique.

Le Journal d'Anne Frank n'est pas exempt de sentimentalisme, mais il est porté par l'assurance prodigieuse d'une jeune fille, disons plutôt d'une jeune femme en pleine croissance, consciente de la rigueur formelle, mais également très joueuse. C'est cette ambivalence et la capacité d'assumer cette même ambiguïté qui confèrent à ce journal sa valeur. Il y a peu de certitudes : au début, juste le cahier à carreaux et la première date, le 12 juin 1942, et la dernière, le mardi 1er août 1944. Mais il y a une seconde date de naissance : l'été 1945. C'est là que commence le présent ouvrage, afin de tenter de comprendre l'histoire du *Journal* depuis ses débuts jusqu'à nos jours.

À l'été 2021, le couple royal néerlandais et le président allemand Frank-Walter Steinmeier visitaient le Centre Anne Frank de Berlin, une organisation partenaire de la Maison Anne Frank d'Amsterdam. « Rares sont sans doute dans le monde ceux qui ne connaissent pas l'image et le nom d'Anne Frank », déclara Steinmeier à propos de cette visite symbolique. « L'histoire d'Anne, sa vie heureuse mais beaucoup trop courte avec sa famille à Francfort-sur-le-Main, ses souffrances sous la domination nazie, période pendant laquelle la famille trouva protection et hospitalité aux Pays-Bas, et enfin sa mort violente au camp de concentration de Bergen-Belsen – cette histoire nous a fait comprendre que derrière le nombre abstrait de victimes juives de la folie raciale nazie en Europe, il y a six millions de personnes, des biographies et des vies qui ont été anéanties. Chacune de ces vies est unique. Chaque parcours est unique. Mais pour pouvoir comprendre, nous avons besoin d'un nom, d'une image, d'une histoire. Anne Frank nous les a donnés. Nous sommes les héritiers de son récit. Elle fait partie de notre histoire, de l'histoire commune de nos pays. Et nous sommes reconnaissants de pouvoir conserver et préserver ensemble le souvenir d'Anne Frank. »

Amsterdam, été 1945

« ARRIVÉE BONNE SANTÉ MARSEILLE PARTONS PARIS BAISERS – OTTO FRANK »

Ce télégramme, écrit en français, parvint à la famille d'Otto Frank le 27 mai 1945 à Bâle. Exilés en Suisse, les destinataires n'avaient eu aucune nouvelle directe d'Otto, d'Edith et de leurs deux filles Margot et Anne depuis des années. Voilà qu'ils recevaient enfin un premier signe de vie : « nous » étions bien arrivés, en bonne santé et allions partir pour Paris, « Baisers – Otto Frank ». Lorsqu'il avait expédié ce télégramme depuis la cité phocéenne, le prisonnier libéré du camp de concentration avait derrière lui une odyssée de plusieurs mois, qui l'avait mené entre-temps de Katowice à Czernowitz, puis Odessa et finalement Marseille d'où il devait rejoindre Amsterdam. Le « nous » du télégramme n'avait pas le même sens pour l'expéditeur que pour les destinataires du message : tandis qu'Otto parlait des passagers du bateau, sa famille de Bâle crut qu'il s'agissait de lui, d'Edith et de leurs deux filles.

Dès sa libération, Otto Frank s'était mis à tenir un journal, ou plutôt un carnet de notes, si bien que nous sommes informés sur les étapes de son long voyage. C'est ce matériau que Carol Ann Lee a exploité pour son livre *Otto, père d'Anne Frank*[1]. Le titre

1. Paris, Ramsay, 2006.

anglais[1] reflète davantage l'intention de l'autrice de mettre en lumière la vie du père d'Anne et de Margot, à laquelle, initialement, le public ne s'était guère intéressé et qu'il consacra entièrement à la diffusion du journal d'Anne. Nous savons aujourd'hui plus clairement qu'au cours des décennies précédentes comment le journal fut découvert, mis en sécurité, lu et analysé.

D'Auschwitz à Amsterdam

Otto Frank avait été libéré du camp d'Auschwitz le 27 janvier 1945 par l'Armée rouge. Le 5 mars, les trains russes transportant les survivants arrivaient à Katowice, en Silésie. Le même jour, la Croix-Rouge polonaise confirmait à Otto Frank et à deux autres survivants néerlandais qu'ils avaient l'autorisation de retourner aux Pays-Bas. Dans un premier temps, les détenus libérés du camp de concentration furent logés dans une école du centre de Katowice. La ville était alors occupée par des soldats russes. La population allemande avait en grande partie pris la fuite et les premières familles polonaises évacuées avaient emménagé dans les maisons et appartements vides.

Le 15 mars, Otto écrivit à sa mère qui résidait toujours à Bâle une lettre qu'elle ne devait recevoir que des mois plus tard, bien après le télégramme si plein d'espoir :

Nous voici à Katowice. Nous attendons notre transfert vers les Pays-Bas. Je n'ai aucune nouvelle d'Edith et des enfants. Elles ont probablement été déportées en Allemagne. Nous reverrons-nous un jour, sains et saufs ? Comme elles me manquent et comme vous me manquez tous ! C'est un miracle que je sois encore en vie ! J'ai eu beaucoup de chance et dois être reconnaissant. Nous ne possédons plus rien. J'espère que ces lignes vous trouveront en bonne santé. Je te redonne très vite de mes nouvelles.

Avec tout mon amour, ton Ottel.

---

1. *The Hidden Life of Otto Frank* [La Vie cachée d'Otto Frank].

Trois jours plus tard, toujours de Katowice, il envoyait une nouvelle lettre pour dire combien il était tourmenté à l'idée de ne pas savoir où se trouvaient sa femme Edith et ses enfants :

Je garde malgré tout l'espoir de revoir tout le monde en bonne santé et je ne veux pas me laisser abattre... Nous sommes suffisamment approvisionnés et je me rappellerai toujours avec reconnaissance ma libération par les Russes. Si je n'avais pas été hospitalisé [à Auschwitz] en raison de mon état d'extrême faiblesse physique – je pesais cinquante-deux kilos –, je ne serais sans doute plus en vie aujourd'hui. J'ai eu beaucoup de chance... et de bons amis. Je ne serai jamais assez reconnaissant pour tout ce que nos amis d'Amsterdam – Miep Gies, Kleiman, Kugler, Bep – ont fait pour nous, pour nous ravitailler dans notre cachette. Kleiman et Kugler ont été arrêtés avec nous par la Gestapo et ont également été envoyés dans un camp de concentration. Cette pensée me hante toujours et j'espère seulement que ces gens ont été entre-temps libérés.

Quatre jours plus tard, le 22 mars, Otto Frank, toujours hébergé à l'école Ferdinand de Katowice, était informé par Roosje de Winter, rencontrée au camp de Westerbork, du destin de sa famille à Auschwitz. Le 27 octobre 1944, une sélection avait eu lieu dans leur baraquement. Les femmes les plus jeunes et les plus robustes avaient été envoyées travailler dans une usine de munitions en Tchécoslovaquie occupée. Judik, la fille de Roosje de Winter, en faisait partie. Les filles d'Otto Frank, Margot et Anne, auraient eu également de bonnes chances d'y être affectées. Mais Anne avait d'abord été envoyée au « Krätzeblock », le bloc des galeux, et Margot l'y avait rejointe.

Le 30 octobre, Roosje de Winter et Edith Frank avaient survécu à une « sélection de masse » en se réfugiant dans un autre baraquement, alors qu'elles étaient déjà sélectionnées pour la chambre à gaz. Au cours de l'hiver, Edith était tombée gravement malade et avait été transférée dans une infirmerie, où elle risquait à tout instant d'être envoyée à la mort par le médecin SS du camp, le Dr Mengele. Au début de janvier, Roosje avait encore vu sa compagne d'infortune dans la baraque des malades : « Elle arrive d'un autre service. Elle n'est plus que l'ombre d'elle-même. Quelques jours plus tard, elle meurt, à bout de forces. »

Dans son carnet, Otto Frank note en ce jour de mars à Katowice :

Mme de Winter, de Zutphen. Annonce de la mort d'Edith le 6 janvier 1945. Morte d'épuisement à l'hôpital du camp, sans avoir souffert. Enfants envoyés en octobre dans les Sudètes, très courageux, surtout Anne, la très spéciale Mademoiselle Anne.

Et dans une lettre à sa mère, il ajouta, « tellement bouleversé » : « En réalité, c'est aussi un meurtre perpétré par les Allemands. »

Au début d'avril 1945, Otto Frank arriva à Czernowitz, la métropole de la monarchie danubienne en Bucovine, le pays des hêtres. C'était une ville cosmopolite où la guerre et l'occupation allemande avaient semé la désolation. En ce printemps-là, Otto Frank aurait pu y rencontrer Paul Antschel, qui écrivait à peu près à la même époque « Fugue de la mort », un poème devenu célèbre des années plus tard, l'une des premières formes d'expression poétique sur l'extermination du judaïsme européen. Antschel – qui prit plus tard le nom de Celan – avait perdu ses parents et ses amis dans les camps de travail et d'extermination allemands.

Le 21 avril, un train amena les anciens détenus dans la ville portuaire d'Odessa, sur la mer Noire, où ils furent hébergés tant bien que mal. Au bout de plusieurs semaines, ils arrivèrent à Marseille par le *Monowai*, un navire néo-zélandais.

Une semaine plus tard, le 3 juin 1945, Otto Frank atteignait finalement le lieu d'où il avait été déporté par les occupants, ainsi que sa famille, à l'été 1944 :

À dix heures dans le train de voyageurs à destination d'Utrecht – Rotterdam – Amsterdam. À huit heures, tout est en ordre. En taxi chez Miep. Tous en bonne santé, Kugler, Kleiman et Lotte Pfeffer. Quelles retrouvailles joyeuses et quelle tristesse ! Je suis soulagé que tout le monde soit là.

C'est en ces termes que s'achèvent les notes d'Otto Frank sur son voyage d'Auschwitz à Amsterdam.

La ville dévastée

Otto Frank arriva dans une ville éprouvée par la guerre. Les mois précédant la libération avaient été marqués par un terrible hiver de famine. Les dégâts psychologiques, imperceptibles à première vue, étaient bien plus grands encore. Des milliers d'Amstellodamois ne savaient pas ce qu'étaient devenus leurs parents et amis déportés, la quasi-totalité de la population juive d'Amsterdam avait été envoyée en camps et en grande partie assassinée. Les occupants avaient imposé un recensement à l'été 1941. Selon celui-ci, 140 522 « juifs à part entière » (*Volljuden*, selon la terminologie nazie) vivaient alors aux Pays-Bas, parmi lesquels 14 381 immigrés juifs venaient d'Allemagne, comme les quatre membres de la famille Frank de Francfort, et 7 621 d'autres pays. Près de 80 000 de ces « juifs à part entière » vivaient à Amsterdam ; parmi eux, 69 111 étaient des juifs néerlandais, 6 916 des juifs allemands, quelques-uns étaient d'une autre nationalité[1]. Le 10 octobre 1941, le Dr Hans Böhmcker fut nommé par son supérieur hiérarchique, le Reichskommissar Seyß Inquart, responsable des mesures à l'encontre de la communauté juive à Amsterdam. Celui-ci ordonna l'intensification de la persécution et finalement l'extermination de la population juive. Les Pays-Bas figurèrent parmi les pays européens qui

1. Barbara Beuys, *Leben mit dem Feind. Amsterdam unter deutscher Besatzung, 1940-1945* [Vivre avec l'ennemi. Amsterdam sous l'occupation allemande, 1940-1945], Munich, Hanser, 2012. (N.D.E. : La traduction des titres en français est donnée entre crochets quand le livre n'a pas été publié en France.)

comptèrent le plus grand nombre de juifs déportés par rapport à leur population[1].

C'est au 37, Merwedeplein, dans le sud d'Amsterdam, qu'Anne fêta son treizième anniversaire, le 12 juin 1942. Elle écrit à ce sujet, deux jours plus tard :

Vendredi 12 juin, j'étais déjà réveillée à six heures, et c'est bien compréhensible puisque c'était mon anniversaire. Mais à six heures, je n'avais pas le droit de me lever, alors j'ai dû contenir ma curiosité jusqu'à sept heures moins le quart. Là je n'y tenais plus, je suis allée dans la salle à manger, où Moortje (le chat) m'a souhaité la bienvenue en me donnant des petits coups de tête. Un peu après sept heures, je suis allée voir papa et maman et ensuite je suis venue au salon pour déballer mes cadeaux, c'est toi que j'ai vu en premier, peut-être un de mes plus beaux cadeaux. Et puis un bouquet de roses, deux branches de pivoines, et une petite plante. Papa et maman m'ont donné un chemisier bleu, un jeu de société, une bouteille de jus de raisin, qui, à mon idée, a un petit goût de vin (on fait le vin avec du raisin), puis un puzzle, un petit pot de pommade ; un billet de deux florins et demi et un bon pour deux livres, un livre, La Camera obscura, *mais Margot l'a déjà, alors je l'ai échangé ; un plat de petits gâteaux faits maison (par moi bien sûr, car faire des petits gâteaux, c'est mon fort en ce moment), beaucoup de bonbons, et une tarte aux fraises faite par maman, une lettre de mamie, juste à temps, mais évidemment c'est un hasard.*

En premier lieu, il y a, ce vendredi matin, sur la table des cadeaux, un album de poésie à carreaux rouges et beiges, qui deviendra plus tard mondialement célèbre. « Je vais pouvoir, j'espère, te confier toutes sortes de choses, comme je n'ai encore pu le faire à personne, et j'espère que tu me seras d'un grand soutien. » Telle est la première inscription consignée dans son journal.

1. https://www.memorialdelashoah.org/archives-et-documentation/quest-ce-que-la-shoah/questions-frequentes.html#:~:text=Selon%20%C2%AB%20The%20Encyclopedia%20of%20the,la%20population%20juive%20en%201939.

Pendant ce temps, le calvaire de la population juive d'Amsterdam s'intensifie. Adolf Eichmann, qui ordonne ici aussi la persécution et l'extermination des juifs d'Europe, augmente à la mi-juin le nombre de juifs à déporter de 15 000 à 40 000. Lorsque, le 5 juillet 1942, la sœur aînée Margot reçoit une convocation pour travailler en Allemagne, c'est-à-dire pour la déportation, la famille Frank se réfugie le lendemain dans l'Annexe du Prinsengracht.

Chiffres

Il faut garder à l'esprit les chiffres que Barbara Beuys nous indique dans son livre *Leben mit dem Feind. Amsterdam unter deutscher Besatzung, 1940-1945* [Vivre avec l'ennemi. Amsterdam sous l'occupation allemande, 1940-1945], d'après l'ouvrage de référence de Louis de Jong, *Het Koninkrijk der Nederlanden in de Tweede Wereldoorlog* [Le Royaume des Pays-Bas pendant la Seconde Guerre mondiale]. Parmi les quelque 140 000 juifs et juives des Pays-Bas, environ 107 000 furent arrêtés et déportés en l'espace de quatorze mois, entre juillet 1942, date à laquelle la famille Frank passe avec d'autres à la clandestinité, et octobre 1943. 5 000 juifs néerlandais survécurent. 102 000 furent assassinés, plus de la moitié (54,9 % exactement) d'entre eux moururent au camp de concentration d'Auschwitz-Birkenau – comme la mère et épouse Edith Frank – et 33,4 % à Sobibor. Les autres trouvèrent la mort – à l'instar de Margot et d'Anne – dans des camps tels que Bergen-Belsen ou périrent en 1945 lors des marches de la mort vers l'ouest.

Près de 99 % de toutes les déportations d'Amsterdam vers Westerbork eurent lieu dans ces quatorze mois. Lorsque la famille Frank fut arrêtée neuf mois plus tard, en août 1944, Amsterdam était considérée comme « *judenrein* », exempte de juifs, selon la terminologie allemande. La famille arriva à Auschwitz *via* Westerbork dans le dernier convoi.

Les Alliés, qui avaient débarqué en Normandie en juin 1944, n'atteignirent que tardivement la capitale néerlandaise. Le 4 mai

1945, la radio néerlandaise, Radio Herrijzend Nederland, annonçait depuis Eindhoven : « Les Pays-Bas sont libres. » Le soir suivant, la reine Wilhelmina, qui était rentrée à La Haye de son exil britannique deux jours plus tôt, s'adressait à son peuple sur les ondes de la même radio :

Hommes et femmes des Pays-Bas ! Notre langue ne connaît pas de mot pour décrire ce qui se passe dans nos cœurs en cette heure de libération de tous les Pays-Bas. Nous sommes enfin redevenus maîtres chez nous. L'ennemi est vaincu, d'est en ouest, du nord au sud. C'en est fini du peloton d'exécution, de la prison et des camps de torture.

Journaux intimes

Otto Frank avait survécu à l'horreur alors qu'il avait la cinquantaine et il était le seul survivant de sa famille. Il était plutôt exceptionnel que quelqu'un de cette génération survive à l'épreuve du camp de concentration, aux travaux forcés, à la faim et aux maladies. En 1947, la Croix-Rouge constatait que les personnes juives de moins de seize ans ou de plus de cinquante ans avaient été « pratiquement toutes exterminées » à la suite des persécutions dont elles avaient fait l'objet. Le fait qu'Otto Frank ait tenu une sorte de journal de voyage et, plus tard, un carnet de bord, n'était pas inhabituel pour l'époque. Les survivants voulaient témoigner de ce qu'ils avaient vécu. Pendant la guerre – dans les camps, les ghettos ou les cachettes –, les gens avaient commencé à noter les événements, l'heure et le lieu, souvent afin de transmettre à la postérité les circonstances à peine croyables de leur vie et de leur mort. C'est ainsi qu'à Dresde, Victor Klemperer tint son journal, témoignage unique de la survie sous le national-socialisme[1]. Et que furent créées également les archives secrètes du ghetto de Varsovie, Oneg Shabbat, aussi appelées « archives Ringelblum », du nom de leur directeur. De

1. *Mes soldats de papier*, Paris, Le Seuil, 2000.

même, Etty Hillesum rédigea son journal *Une Vie bouleversée*[1], qui couvre les années 1941 à 1943 et fut publié pour la première fois près de quarante ans plus tard. L'édition allemande porte le titre *Le Cœur pensant du baraquement*, d'après une formule qu'elle a elle-même utilisée et qui souligne déjà les caractéristiques propres à ces journaux intimes rédigés entre Westerbork et Auschwitz, à savoir l'alliance de spiritualité et de rationalité, d'observations quotidiennes et de prises de conscience, de scepticisme et de vitalité, de foi intérieure aussi bien que cosmique : « Le docteur disait hier que je mène une vie intérieure trop intense, que je vis trop peu sur terre, presque aux limites du ciel, et que mon corps ne peut plus supporter tout cela », écrit la jeune femme de vingt-huit ans, le 5 septembre 1942, et elle poursuit : « Il a peut-être raison. Ces six derniers mois, mon Dieu ! Et ces deux derniers mois, qui sont à eux seuls une vie entière. Et combien d'heures n'ai-je pas vécues dont je disais : cette heure a été toute ma vie, et si je devais mourir bientôt, ne vaudrait-elle pas tout le reste de ma vie ? J'en ai tant vécu de ces heures-là. Qu'est-ce qui m'empêche de vivre aussi dans le ciel ? Le ciel existe, pourquoi n'y vivrait-on pas ? Mais en fait, c'est plutôt l'inverse, c'est le ciel qui vit en moi. » Etty Hillesum cite alors un mot de Rilke : *Weltinnenraum*, univers intérieur.

David Rousset, quant à lui, qui avait survécu à plusieurs camps de concentration, rédigea à Paris en trois semaines, durant l'été 1945, les souvenirs de son séjour tout récent en camp. Ces notes furent publiées quelques mois plus tard sous le titre français *L'Univers concentrationnaire*[2]. Il s'agit d'une étude minutieuse de la vie et de la mort dans les camps, d'une anatomie de la hiérarchie, de l'ordre et de la destruction dans l'univers concentrationnaire.

Ces textes furent souvent rédigés dans des conditions extrêmement difficiles et parvinrent à la postérité comme des messages dans une bouteille jetée à la mer. Nous devons accepter aujourd'hui d'en perdre une partie, mais il ne faut pas penser

1. Paris, Le Seuil, 1995.
2. Paris, Éditions du Pavois, 1946 ; rééd. Éditions de Minuit, 1965.

uniquement aux témoignages littéraires devenus célèbres par la suite. Il existe des notes et des documents sur la vie quotidienne de l'époque, rédigés par des individus, des témoignages de destins particuliers qui en disent long sur une histoire collective de la persécution et de l'extermination. C'est dans ce contexte que s'inscrit l'appel du 28 mars 1944 du ministre néerlandais Gerrit Bolkestein, qu'Anne et les autres clandestins entendirent à la radio depuis leur cachette à Amsterdam. Le lendemain, elle écrivit à Kitty, son amie imaginaire :

Hier soir, le ministre Bolkestein a dit sur Radio Oranje qu'à la fin de la guerre, on rassemblerait une collection de journaux et de lettres portant sur cette guerre. Évidemment, ils se sont tous précipités sur mon journal. Pense comme ce serait intéressant si je publiais un roman sur l'Annexe. Rien qu'au titre, les gens iraient s'imaginer qu'il s'agit d'un roman policier.

Non, mais sérieusement, environ dix ans après la guerre, cela fera déjà sûrement un drôle d'effet aux gens si nous leur racontons comment nous, juifs, nous avons vécu, nous nous sommes nourris et nous avons discuté ici. Même si je te parle beaucoup de nous, tu ne sais que très peu de choses de notre vie. L'angoisse que ressentent les dames lors des bombardements, par exemple dimanche, lorsque 350 appareils anglais ont largué un demi-million de kilos de bombes au-dessus d'Ijmuiden, la façon dont les maisons se mettent alors à trembler comme un brin d'herbe dans le vent, le nombre d'épidémies qui sévissent ici.

Le ministre néerlandais en charge de l'Enseignement, des Arts et des Sciences, avait lancé un appel à ses compatriotes sur Oranje, la chaîne de radio du gouvernement en exil :

L'histoire ne peut être écrite uniquement sur la base de documents officiels ou de dossiers d'archives. Si nous voulons que les générations futures comprennent ce que nous avons vécu et surmonté en tant que peuple au cours de ces années, nous avons besoin d'écrits simples, d'un journal intime par exemple, de lettres d'un ouvrier envoyé en Allemagne, des sermons d'un pasteur ou d'un prêtre. C'est seulement quand nous parviendrons à rassembler une quantité impressionnante de ces éléments du quotidien que le tableau de cette lutte pour la liberté pourra être brossé dans toute sa profondeur et tout son éclat.

Dans cet appel, le journal intime devenait un moyen d'éducation politique et de représentation historique, une mission confiée par le gouvernement néerlandais en exil au peuple du pays occupé : rassemblez des témoignages et des documents, non seulement en tant que travail de documentation objective, mais aussi comme acte de résistance ! L'appel du ministre conduisit en tout cas à la création, en mai 1945, d'un bureau et, peu après, de l'Institut néerlandais d'études militaires, le RIOD, aujourd'hui rebaptisé NIOD, L'Institut néerlandais de documentation de guerre, qui jouera plus tard, avec Otto Frank, un rôle clé dans la diffusion du journal d'Anne Frank. Il conserve plus de deux mille journaux intimes datant de l'époque de la guerre.

L'attente

Amsterdam avait été libérée le 5 mai 1945 par les Alliés, quelques semaines seulement avant l'arrivée d'Otto Frank, et jusqu'à aujourd'hui, la nation commémore la libération à cette date. Au début de l'été 1945, Amsterdam accueillit d'innombrables réfugiés, des Néerlandais de retour au pays, des apatrides comme Otto Frank, sans logement, sans revenu, sans travail, ne disposant le plus souvent que du strict nécessaire. Le passé immédiat n'était fait que d'horreurs, la population de la ville avait un hiver de famine derrière elle, les survivants des camps de concentration étaient souvent livrés à eux-mêmes, recherchant leurs proches sur de longues listes de la Croix-Rouge, toujours incomplètes. Les juifs allemands avaient un statut particulièrement difficile : la plupart des Néerlandais les assimilaient aux occupants, surtout dans la première période de l'après-guerre.

Dès son arrivée à Amsterdam, Otto Frank se rendit chez Miep et Jan Gies, employés à la société Opekta. Pendant plus de deux ans, le couple avait fourni de la nourriture aux clandestins. Otto Frank s'installa dans une chambre chez eux et reprit son travail initial chez Opekta, au bureau de Prinsengracht, en attendant des nouvelles de ses filles.

« Jusqu'à présent, j'étais persuadé que j'allais les revoir, mais je commence à avoir des doutes. Celui qui n'a pas vécu lui-même ce qui s'est passé en Allemagne est incapable de se l'imaginer », écrit-il le 21 juin 1945 à sa sœur Leni et à son mari Erich Elias installés à Bâle. Et il poursuit : « En ce qui concerne les enfants, nous ne pouvons rien faire, je le sais. Nous devons attendre, c'est tout. Je vais tous les jours au bureau, c'est la seule chose qui me change un peu les idées. Comment pourrais-je continuer à vivre sans les enfants, alors que j'ai déjà perdu Edith, je ne peux me l'imaginer. Vous ne savez pas à quel point elles ont évolué. Cela me bouleverse trop d'écrire à leur sujet. Bien sûr, j'espère encore et j'attends, j'attends, j'attends. »

Plus de trois semaines après, le 18 juillet 1945, Otto Frank découvre sur les listes de la Croix-Rouge les noms d'Annelies Marie Frank et de Margot Betti Frank, suivis de croix. Elles étaient décédées.

Otto Frank apprit le nom de la femme qui avait fait apposer les croix derrière ceux de ses deux filles : Lien Brilleslijper. Les deux sœurs Lien et Janny avaient été déportées d'Auschwitz à Bergen-Belsen au début d'octobre 1944. C'est dans ce camp de concentration qu'elles retrouvèrent les deux sœurs Margot et Anne, qui avaient dû parcourir le même trajet depuis Auschwitz, où le front approchait, jusque dans la lande de Lunebourg. Il n'y avait pas assez de place dans les baraquements et d'immenses tentes avaient été installées. Lien Brilleslijper (épouse Rebling) se souvient par la suite qu'elle avait vu apparaître au lavoir « deux silhouettes maigres et dépenaillées qui ressemblaient à de petits oiseaux à moitié morts de froid ». C'étaient Margot et Anne. Toutes deux contractèrent le typhus durant l'hiver 1945 et les sœurs Brilleslijper les retrouvèrent à l'infirmerie.

Nous les avons suppliées de ne pas rester là, car la santé des gens s'y dégradait extrêmement vite et ils perdaient toute résistance... Anne a simplement dit : « Ici, nous pouvons rester ensemble allongées sur le grabat en bois, nous sommes l'une près de l'autre et nous avons la paix. » Margot ne pouvait plus que murmurer. Elle avait une forte fièvre[1].

En mars 1945, Margot mourut la première, puis ce fut le tour d'Anne. En avril 1945, les troupes britanniques libérèrent le camp de concentration de Bergen-Belsen. Otto Frank nota dans son journal de bord : « 18 juillet : Lien Rebling. »

Des décennies plus tard, la journaliste Roxane van Iperen publia en 2019 le livre *Un refuge pour l'espoir. D'Amsterdam à Auschwitz, L'odyssée de deux sœurs résistantes juives*[2]. Pendant les années d'occupation, Lien et Janny faisaient partie de la résistance juive du « Haut Nid », une maison située au milieu de villas de dignitaires nazis. Des actions de résistance y furent organisées dans la clandestinité jusqu'à ce que la cachette fût prise d'assaut à l'été 1944. Les deux sœurs survécurent à plusieurs camps de concentration et devinrent après la guerre une partie de l'histoire d'Anne Frank.

Ce sont des mains de Miep Gies qu'Otto Frank reçut les écrits d'Anne en juillet 1945, comme elle le racontera dans son autobiographie *Elle s'appelait Anne Frank*[3] :

1. Propos extraits du documentaire de Willy Lindwer, *Les Sept Derniers Mois d'Anne Frank*, 1988.
2. Paris, Alisio, 2021, pour l'édition française.
3. Paris, Calmann-Lévy, 2022.

J'entendis les portes s'ouvrir, les employés arriver, se saluer, bavarder, prendre leur café. Je fis coulisser le dernier tiroir de mon bureau et en sortis les papiers qui avaient attendu le retour d'Anne depuis maintenant près d'une année. Ni moi ni personne n'y avait touché. Aujourd'hui, Anne ne reviendrait pas chercher son journal[1].

Les papiers étaient en désordre, car le 4 août 1944, l'équipe d'arrestation – surnommée « les verts » en raison de la couleur des uniformes de la police de protection allemande – avait cherché des objets de valeur à Prinsengracht, mais avait négligemment éparpillé papiers et livres sur le sol. Vers dix-sept heures, Miep et Jan Gies se rendirent dans l'Annexe en compagnie de Bep, le plus ancien employé du bureau, et le mirent dans la confidence. Il ramassa les derniers papiers une semaine plus tard, avant que les meubles ne fussent retirés de la cachette par une entreprise de transport spécialisée, et les remit à Miep et Jan Gies. Tous deux savaient qu'Anne avait tenu un journal. Ce n'est que lorsqu'ils apprirent qu'Anne et Margot étaient mortes à Bergen-Belsen qu'ils ouvrirent le tiroir.

Otto Frank prit possession des papiers, ainsi que d'un album photo, « et aussi du journal d'Anne », comme il l'écrivit à sa mère. « Mais je n'ai pas encore la force de le lire. »

1. Paris, Calmann-Lévy, 2022.

Le chemin qui conduisit au *Journal*

Quelques semaines plus tard, Otto Frank se mit à lire le journal de sa fille, et peu à peu – après moult hésitations, en proie à un débat intérieur – il se décida à publier ses écrits. Il les classa, les fit recopier et traduisit certaines parties du néerlandais vers l'allemand. Il supprima des paragraphes, changea des termes. Nous sommes aujourd'hui informés de ces modifications et de ces remplacements de mots[1].

Comment se présentait le journal à l'origine ? Il ne faut pas s'imaginer une version originale, mais plutôt la juxtaposition de deux versions fragmentaires qui couvrent en partie la même période. Pour son treizième anniversaire, Anne Frank avait reçu un carnet avec une couverture à carreaux rouges et beiges qui, par sa forme presque carrée et ses couleurs, est devenu en quelque sorte le logo ou l'emblème du *Journal.* Il se termine – à l'exception de quelques ajouts ultérieurs – le 5 décembre 1942. Elle poursuivit ensuite son journal dans des cahiers.

Anne reporta les inscriptions chronologiques des cahiers dans d'autres cahiers et, à partir d'avril 1944, sur des feuilles volantes, pour les modifier par la suite. C'est ainsi que jusqu'en mars 1944, nous avons affaire à deux versions du journal, à savoir les premières entrées (version A) et les (re-)transcriptions (version B) jusqu'au 29 mars 1944. Anne n'alla pas plus loin dans ses travaux de relecture car c'est alors qu'elle fut arrêtée. Il manque la

1. Voir *Anne Frank – L'Intégrale*, Paris, Calmann-Lévy, 2017.

version A du journal allant du 6 décembre 1942 au 21 décembre 1943, mais cette version a été conservée dans la version B revue et corrigée par Anne.

Il est donc difficile de parler d'un journal sous sa forme originale. Dès le début, Anne le modifie, en changeant des noms, en supprimant des épisodes, en complétant et en réécrivant certains passages. La première version du journal comprend les deux versions A et B réunies et est très différente de la troisième version (C), qui comporte les modifications apportées par le père lecteur, désireux d'en faire, de son point de vue, un texte cohérent. Et cette version présente de surcroît les modifications apportées par le comité de lecture de la maison d'édition pour la première version publiée de 1947.

À l'automne 1945, Otto Frank retranscrivit à la machine le carnet, deux cahiers et plus de trois cents feuilles volantes rédigées par sa fille. Comme il l'expliqua plus tard, il reprit « l'essentiel » pour le faire lire à ses parents et amis. L'essentiel signifiait qu'il omettait ce qui lui semblait marginal, choquant ou compromettant. Par exemple, le père abrégeait et omettait ce qui concernait la relation de la jeune fille à sa mère, son histoire d'amour avec Peter ou l'éveil de la sexualité chez l'adolescente. Il s'efforçait également de ménager la mémoire des clandestins lorsque, de son point de vue, Anne les avait dépeints de manière sarcastique ou du moins avec une trop grande acuité. De tous, Otto Frank était le seul à avoir survécu.

On peut distinguer deux intentions à l'œuvre lors du remaniement du texte : d'une part, la volonté chez Otto Frank de ménager les morts, notamment sa femme Edith, la mère d'Anne – à cet égard, le sens du devoir envers les défunts a dû s'imposer de manière particulièrement forte au seul survivant qu'était Otto Frank. Et d'autre part, la rigueur morale appliquée par le premier éditeur. Cette rigueur morale ne valait pas seulement pour la Hollande calviniste, elle régnait de la même manière en Allemagne. La première exigence était dictée par le passé, la seconde par le lectorat néerlandais de 1947 – ainsi que par des critères éditoriaux totalement différents et propres à cette époque, qui n'évaluaient pas ou ne pouvaient pas évaluer, comme nous le faisons aujourd'hui, le texte brut et les circonstances qui l'accompagnaient avec un recul suffisamment grand et avec l'aide de connaissances historiques considérablement élargies.

Les modifications apportées par le père et l'éditeur s'avérèrent lourdes de conséquences pour l'influence ultérieure du journal d'Anne Frank. On tenta par la suite d'y remédier par un travail éditorial conséquent, même là où il s'agissait de changements minimes. Il faut ici insister particulièrement sur ce travail de remaniement, car Otto Frank fut accusé d'être l'auteur de ce journal ou d'être intervenu massivement dans le texte pour le modifier, voire le falsifier complètement. En fait, il voulait simplement rendre accessible le texte entier avec ses coupures.

Les efforts éditoriaux mis en œuvre par la suite autour du journal d'Anne Frank ont tous un seul objectif, à savoir rétablir fidèlement l'état du texte lors de sa conception, reconstruire une version originale enfantine et innocente, si tant est qu'il y en ait une, ou du moins un état originel du texte au sens pur du terme. La jeune autrice s'y était néanmoins d'emblée opposée. Elle retravaillait ses textes.

Transcriptions

Otto Frank retapa les textes de sa fille à Amsterdam. Il en traduisit certaines parties en allemand pour sa mère à Bâle. Selon ses propres informations, la première copie qu'il réalisa fut perdue. Sur la base de la version remaniée par Anne Frank elle-même (version B), Otto Frank réalisa une nouvelle transcription à la machine à écrire. La version annotée du NIOD l'appelle « le tapuscrit I ». Lors du travail de copie, Otto Frank apporta des améliorations. Le mot *pogromen* (pogroms), correct à l'origine, devint par exemple le mot incorrect *progrooms*, *Noord-Amerika* devint *USA* – des modifications qui, en somme, ne sont pas des améliorations.

Otto Frank confia finalement son tapuscrit à Albert Cauvern, le mari de son ancienne secrétaire Isa Cauvern, pour qu'il y relève les erreurs grammaticales et les germanismes qui auraient pu échapper à sa fille lors de la rédaction. Albert Cauvern, qui travaillait en 1945 pour une station de radio à Hilversum, recensa de fait des erreurs, améliora des expressions en néerlandais et développa certains passages.

Le tapuscrit I montre une série de modifications au crayon et à l'encre qui ont été soumises plus tard à Albert Cauvern, lequel ne les a pas identifiées comme siennes. Il aurait affirmé n'avoir pratiqué que les modifications les plus nécessaires, c'est-à-dire corriger les fautes de frappe et erreurs de grammaire et de ponctuation. Il déclara des années plus tard : « Je n'ai pas supprimé un seul passage. »

Sur cette base de modifications, de retouches et de réagencements naquit progressivement ce qu'on peut appeler une version de lecture C.

À l'aide du tapuscrit I, Isa Cauvern procéda probablement en janvier 1946 à une nouvelle transcription à la machine à écrire dont résulta « le tapuscrit II », comme elle appela l'édition annotée. Otto Frank donna cette version à lire à des amis et connaissances, tels que Siegfried Kurt Baschwitz ou Werner Cahn, des émigrés allemands comme lui, dont le jugement, après lecture, fut tout à fait favorable. Baschwitz écrivit à sa fille le 10 février 1946 :

En ce moment, j'ai avec moi le journal d'Anne Frank, la cadette de mon ami Otto Frank. Tu as dû la connaître. Comme tu le sais, ils sont restés cachés pendant deux ans. La jeune fille a tenu un journal qui a miraculeusement échappé aux Allemands. C'est le document le plus bouleversant que je connaisse sur cette période, un chef-d'œuvre étonnant, aussi sur le plan littéraire. Ce sont les expériences intérieures d'une jeune fille qui accède à la maturité et ses impressions de la réclusion vécue en compagnie de son père – qui l'aime tendrement –, de sa mère – avec laquelle elle entre en conflit –, de sa sœur – qu'elle découvre comme amie –, de l'autre famille qui partage leur cachette, et du fils de celle-ci dont elle commence à tomber amoureuse. Je pense qu'il doit être publié.

Voilà sans doute le tout premier avis professionnel qui fut porté sur le journal. Le journaliste Baschwitz, né en 1886 à Offenbourg, avait été dans sa jeunesse correspondant du *Hamburger Fremdenblatt* aux Pays-Bas et son livre sur la psychose collective de 1923 l'avait rendu célèbre. En tant que juif, Baschwitz, qui s'était installé entre-temps à Berlin, avait été contraint d'émigrer avec sa famille en avril 1933. Il choisit Amsterdam, qu'il connaissait bien. Lorsque les Allemands occupèrent le pays, Baschwitz entra dans la clandestinité et publia sous un pseudonyme. Il ne quittait pratiquement pas sa cachette, mais lors de l'une de ses rares sorties dans les rues d'Amsterdam, il fut pris dans une rafle, arrêté et finalement envoyé au camp de transit de Westerbork. C'est là qu'il réussit à s'échapper avec l'aide de sa fille aînée Isa.

Werner Cahn fut le deuxième promoteur du journal d'Anne Frank, lui aussi émigré juif allemand, né en 1903 à Solingen. Tout comme la famille Baschwitz, les Cahn connaissaient la famille Frank. Otto Frank avait lu à Cahn des passages du journal intime de sa fille qui avait fait ainsi « grande impression » sur lui. Cette relation s'avéra particulièrement importante pour la publication du journal.

Werner Cahn, qui était également secrétaire personnel de l'auteur Lion Feuchtwanger, disposait en effet d'un réseau de contacts dans le monde de l'édition néerlandaise, un petit monde facile à cerner après les années de guerre, et présentant ses caractéristiques propres. En 1933, Emanuel Querido fonda à Amsterdam la maison d'édition du même nom, filiale de la société néerlandaise Querido Uitgeverij, dirigée par Fritz Landshoff, qui avait fui l'Allemagne. La maison d'édition Querido devint la première adresse pour la littérature germanophone en exil : Klaus Mann, les frères Heinrich et Thomas Mann, Anna Seghers, Arnold Zweig et Lion Feuchtwanger étaient au nombre de ses auteurs. C'est ici que paraissait, sous la direction de Klaus Mann, *Die Sammlung* [La Collection], la principale revue des écrivains germanophones émigrés.

En 1945, le nouveau départ fut là aussi difficile : plus question de penser à des publications en langue allemande. À cette époque, Werner Cahn travaillait comme lecteur pour la maison mère, la maison d'édition Querido, ainsi que pour la première encyclopédie néerlandaise, dont l'historien Jan Romein était responsable. Ils étaient amis et collègues. Cahn et Romein, ainsi que son épouse Annie Romein-Verschoor, travaillaient pour le journal de gauche *De Nieuwe Stem* [La Nouvelle Voix]. Au début de l'année 1946, Cahn donna sa copie du tapuscrit II à Annie Romein-Verschoor, qui, elle aussi, porta un jugement positif sur ce qu'elle avait lu et tenta à son tour de le faire publier chez Querido. Or Annie Romein se souvint par la suite que « l'intérêt pour tout ce qui concernait la guerre semblait s'être complètement dissipé ». La maison Querido ne fut pas la seule à refuser, les célèbres maisons d'édition J. M. Meulenhoff et De Bezige Bij ne furent pas plus enthousiastes. Le lecteur O. Noordenbos avait également proposé à sa maison d'édition H. Meulenhoff (à ne pas confondre avec J. M. Meulenhoff) de publier le journal, mais elle refusa « en raison du caractère très personnel du journal et des confessions sexuelles qu'il contenait ».

Jan Romein finit par lire à son tour le tapuscrit et publia le 3 avril 1946 dans le journal *Het Parool* l'essai intitulé « Kinderstem » [Voix d'enfant] :

J'ai mis par hasard la main sur un journal intime écrit pendant les années de guerre. L'Institut néerlandais de documentation de guerre possède déjà environ deux cents journaux de ce type, mais je serais étonné qu'il y en ait encore un seul de ce genre, aussi pur, aussi intelligent et pourtant aussi humain que celui-ci ! Je l'ai lu d'une traite, oubliant le présent et toutes ses obligations. Lorsque je l'ai terminé, il faisait nuit et je me suis étonné que la lumière soit encore allumée, qu'il y ait encore du pain et du thé, que je n'entende pas le vrombissement des avions ni les bottes des soldats résonner dans la rue, tant la lecture m'avait captivé et ramené dans le monde irréel qui remonte maintenant presque à un an. Il a été écrit par une jeune fille juive qui avait treize ans lorsqu'elle est entrée dans la clandestinité, avec ses parents et sa sœur aînée, et a commencé ce journal. Il se termine plus de deux années plus tard, en ce jour malheureux où la Gestapo découvre la famille. Un mois avant la libération, elle meurt dans l'un des pires camps de concentration allemands, avant même son seizième anniversaire. Je ne veux pas m'attarder sur les circonstances de sa mort. Mais il est à craindre que cela se soit passé à peu près comme on peut le lire dans de nombreux souvenirs de camps, comme cela a été décrit dans Tussen leven en dood in Auschwitz [*Entre la vie et la mort à Auschwitz*[1]], *même s'il s'agissait d'un autre camp*[2].

Le premier essai publié sur le journal d'Anne Frank a déjà une orientation spécifique qui accompagne dorénavant sa lecture, celle de l'éducation politique par la lutte contre le « fascisme », terme communément employé en 1946 et repris par Jan Romein :

Dans ce journal apparemment anodin tenu par une enfant, dans ces mots balbutiés par une voix juvénile, c'est toute l'abomination du fascisme qui s'incarne « de profundis », bien plus que dans tous les actes des procès de Nuremberg réunis. Pour moi, le destin de cette fillette juive résume le plus grand crime commis par cet esprit à jamais détestable. Car le plus grand crime n'est pas la destruction de la vie et de la culture en soi : celles-ci ne peuvent-elles pas aussi être victimes d'une révolution génératrice de culture ? Non, le plus grand

1. Ouvrage de M. Stoppelman, Sliedrecht, 1946.
2. Traduction libre.

crime est le tarissement des sources de cette culture, l'anéantissement de la vie et du talent par un pur instinct stupide de destruction. À ne pas en douter, cette jeune fille, si elle avait vécu, serait devenue une autrice talentueuse. Arrivée d'Allemagne à l'âge de quatre ans, elle écrivait déjà dix ans plus tard un néerlandais admirable de pureté et de concision, et faisait preuve d'une compréhension des défauts de la nature humaine – y compris de la sienne propre – si infaillible qu'elle aurait déjà étonné de la part d'un adulte, et d'autant plus venant d'une enfant. Mais elle dévoile également les possibilités infinies de cette nature humaine, qui résident dans l'humour, la pitié et l'amour, possibilités dont il faut peut-être s'étonner encore plus et qui nous effrayeraient peut-être même, comme tout ce qui est hors du commun, si ce refus et cette acceptation n'étaient pas restés en même temps si intimement enfantins.

Né en 1893 à Rotterdam, Jan Romein avait été nommé professeur à l'université d'Amsterdam en 1939. Cet historien, spécialiste de l'histoire des Pays-Bas et de ses penseurs les plus renommés, était fortement influencé par la pensée marxiste. Pendant l'occupation allemande, il fut actif dans la résistance et incarcéré pendant plusieurs mois par les autorités allemandes car lui et sa femme Annie avaient hébergé deux juifs persécutés. En 2011, le couple Romein-Verschoor reçut de façon posthume le titre de Juste parmi les Nations, décerné par le mémorial de Yad Vashem.

Il faut se remémorer le contexte dans lequel vivait cet homme politiquement engagé pour comprendre la conclusion de son essai sur Anne Frank, sous forme d'appel politique enflammé :

Le fait que cette fille ait pu être déportée et assassinée est pour moi la preuve que nous avons perdu la bataille contre notre part animale. Nous l'avons perdue parce que nous n'avons su lui opposer aucune forme de positivité. Et nous la perdrons encore, quelle que soit la forme sous laquelle l'inhumanité nous menacera, si nous nous révélons par la suite incapables de lui opposer quoi que ce soit de positif. La promesse de ne jamais oublier et de ne jamais pardonner ne suffit pas. Il ne suffit même pas de tenir cette promesse. Le rejet passif et négatif s'avère insuffisant, il n'est rien. Seule la démocratie « totalitaire » active et positive, politique, sociale, économique et culturelle, apportera le salut : la construction d'une société dans laquelle le talent ne sera plus détruit, réprimé et refoulé, mais découvert, formé et encouragé, où qu'il se manifeste. Et malgré toutes nos bonnes intentions, nous sommes aujourd'hui encore aussi éloignés de cette démocratie qu'avant la guerre.

La première réception du journal d'Anne Frank dans la sphère médiatique est très connotée politiquement. Jan Romein ramène son interprétation de l'œuvre à la notion de démocratie totalitaire, ce qui ne renverse pas la démocratie en son contraire, mais la pose comme principe général.

Clandestins

Après leur émigration aux Pays-Bas à l'avènement d'Hitler, Otto Frank et sa femme Edith avaient fait la connaissance d'un milieu juif allemand plutôt de gauche qui s'était constitué à Amsterdam dès 1933. Il s'agissait probablement plus de connaissances que d'amis. Otto Frank, né en 1889 et plus âgé que les autres membres de ce cercle, se distinguait aussi bien par sa formation que par son métier de commerçant. Il se sentait, comme il le dit plus tard au cours d'une interview, « très allemand ». Sa femme Edith Holländer, née en 1900 dans une famille juive pieuse d'Aix-la-Chapelle, était issue d'un milieu aisé. Elle aussi resta sans doute plutôt étrangère à ce cercle.

Les membres de ce milieu peu soudé, mais qu'avait réunis l'expérience de l'émigration et plus encore celle, ultérieure, de l'occupation et de la persécution allemandes, ressentirent nettement la différence entre la période d'avant-guerre et l'immédiat après-guerre, bien plus encore que la société néerlandaise dans son ensemble. Werner Cahn et Jan Romein avaient difficilement survécu à la guerre, ils avaient été persécutés, emprisonnés ou déportés dans des camps de concentration, ou bien ils s'étaient cachés, *ondergedoken* en néerlandais, un mot qui revient souvent, un sort que les premiers lecteurs et lectrices des notes d'Anne Frank partageaient avec elle. Ils étaient passés à la clandestinité. Ils partageaient la même expérience, les mêmes peurs et les mêmes espoirs. Environ 25 000 juifs et juives des Pays-Bas purent entrer dans la clandestinité, la plupart à Amsterdam, et environ 8 000 d'entre eux furent découverts, arrêtés et déportés. Rares furent ceux qui survécurent. Le gouvernement en exil avait compté sur un total de 600 000 rapatriés dans le cadre du retour des citoyens néerlandais, dont 70 000 juifs et juives[1]. « Sur les cent cinquante mille juifs que compte ce pays, il n'en restera pas plus de vingt mille », avait écrit Otto Frank à sa famille en Suisse en 1945. Son pronostic pessimiste était plutôt juste : seuls 5 500 juifs revinrent des camps de concentration. Environ 18 000 avaient survécu dans la clandestinité.

De retour à Amsterdam à l'été 1945, Otto Frank était essentiellement entouré d'anciens clandestins. Ils lisaient les écrits de sa fille avec un regard autre : ils étaient plus directement concernés, se sentaient plus durement touchés et conservaient la réalité de la clandestinité en mémoire. Les premiers lecteurs du journal imposèrent une lecture réaliste.

« Anne Frank s'est cachée avec ses parents et sa sœur de juin 1942 à août 1944. Elle a tenu le journal qu'elle a reçu le jour de ses treize ans et qu'elle a appelé Kitty, jusqu'à ce qu'elle soit arrêtée et déportée avec sa famille à l'âge de quinze ans. L'œuvre a été conservée par hasard », peut-on lire dans l'avant-propos de la première impression de cinq extraits du journal d'Anne Frank, parus en juin 1946 sous le titre de « Fragments du Journal », dans la revue *De Nieuwe Stem*, cette même revue pour laquelle Werner Cahn et les Romein travaillaient.

---

1. Barbara Beuys, *Leben mit dem Feind*, *op. cit.*

Le premier extrait est daté du samedi 11 juillet 1942 : « Chère Kitty, papa, maman et Margot ont encore du mal à s'habituer au carillon de la Westertoren, qui sonne tous les quarts d'heure. Moi pas, je l'ai tout de suite aimé, et surtout la nuit, c'est un bruit rassurant. » Le deuxième extrait, daté du 10 août 1943, parle de « la corvée du jour, dans la maisonnée : l'épluchage des pommes de terre ! » et du quotidien dans la cachette. Le troisième, daté du samedi 12 février 1944, évoque le désir qu'Anne confie à Kitty : « Je crois que je sens en moi le printemps, l'éveil du printemps, je le sens dans tout mon corps et dans mon âme. Je dois me contenir pour me conduire normalement, je suis dans la confusion la plus complète, je ne sais pas quoi lire, pas quoi écrire, pas quoi faire, je sais seulement que je désire… » Suivent deux extraits dans lesquels il est question d'Anne et de Peter. Une sélection qui allie réalisme et sentimentalisme.

Contact

Peu après la parution de l'essai de Jan Romein dans *Het Parool* en avril, l'intérêt pour la publication de l'ensemble du journal se fit sentir. Dès le 1er août 1946, la maison d'édition Contact avait proposé un contrat à Otto Frank pour *Het Achterhuis. Dagboek van 14 juni 1942 – 1 augustus 1944* [L'Annexe. Journal du 14 juin 1942 au 1er août 1944], et c'est Werner Cahn qui avait négocié le contrat. Mais Otto Frank hésitait à l'accepter. C'était la première offre d'édition qu'il recevait de la part d'une petite maison, une parmi de nombreuses autres petites maisons d'édition implantées à Amsterdam. Fondée en 1933, Contact, l'une des maisons d'édition de l'époque de l'exil, publiait essentiellement des livres de non-fiction. L'éditeur d'alors, Gilles Pieter de Neve, avait proposé un tirage de 5 000 exemplaires, un chiffre élevé pour l'époque. Otto Frank trouva ce chiffre trop bas – l'avenir devait lui donner raison –, si bien qu'il conserva les droits allemands, anglais et français. Là encore, il s'agissait d'une décision clairvoyante et intelligente pour imposer de manière différente le *Journal* sur divers marchés, mais avec une seule intention.

À l'automne 1946, les éditions Contact soumirent le journal à une révision et proposèrent des coupures ; Otto Frank se déclara d'accord avec la plupart d'entre elles. Le *Journal* parut dans la collection « Proloog Reeks », une série de livres abrégés pour la jeunesse au format de poche. Otto Frank avait plaidé pour une belle édition en toile. La maison d'édition publia donc trois mille premiers exemplaires au format « Proloog Reeks », les autres en belle édition toilée. *Het Achterhuis* parut en juin 1947 et se vendit bien mieux que prévu ; dès l'automne 1948, une quatrième réimpression était à l'ordre du jour et vingt mille exemplaires avaient été vendus. Quel que soit le scepticisme qui avait prévalu au moment de la parution de *Het Achterhuis*, il se dissipait par des chiffres de vente considérables.

Sur le marché du livre néerlandais paraissaient à cette époque des interprétations d'histoires bibliques ou des évangiles, ainsi que des livres de piété. La principale nouveauté littéraire de cette même année 1947 était sortie en novembre : *Les Soirs*[1], de Gerard Reve, qui décrit dix soirées passées par l'employé de bureau Frits van Egters, âgé de vingt-trois ans, à Amsterdam. Aux dix chapitres correspondent dix soirées d'hiver placées sous le signe de la peur, de la solitude et du désarroi. *Les Soirs* fut l'un des plus grands romans néerlandais de l'après-guerre.

Le Journal d'Anne Frank, quant à lui, vit le jour en 1947, accompagné d'une mince introduction. Mais les choses ne furent pas aussi simples par la suite. Il suffit pour s'en persuader de jeter un coup d'œil sur les éditions actuelles.

1. Paris, Gallimard, 1970, pour l'édition française.

« Version faisant autorité dans le monde »

Le Journal d'Anne Frank a une histoire compliquée, due aux circonstances de sa création. L'édition de 1986, avec ses préfaces, ses appareils critiques et sa division en trois parties (A, B et C), reflète cette complexité[1]. Il s'agissait davantage d'une synthèse des différents états du texte que d'une édition critique historique. Elle utilisait des moyens philologiques dans un but historique. En effet, peu après la parution de l'édition allemande en 1950, les négationnistes, qui étaient alors nombreux, mirent en doute l'authenticité du journal, contestèrent qu'Anne en fût l'autrice et affirmèrent qu'il s'agissait d'une œuvre fabriquée par le père. Ces opinions étaient loin d'être isolées et les soupçons allèrent beaucoup plus loin, comme nous le verrons ultérieurement. Ils furent démentis. Le papier, la colle des cahiers, le matériel d'écriture furent soumis à des examens de police scientifique, l'écriture d'Anne fit l'objet d'une étude graphologique rigoureuse afin de prouver l'authenticité du journal. Toutes ces preuves de véracité sont intégrées dans le volumineux ouvrage de l'édition critique.

La complexité éditoriale exigeait une édition simplifiée du *Journal*, qui devait néanmoins se conformer aux critères éditoriaux en vigueur. Vincent Frank-Steiner, sans aucun lien de parenté avec la famille Frank, était alors président du Anne Frank Fonds. Il reconnut vers 1986 la nécessité d'une telle édition et chargea Mirjam Pressler d'élaborer une nouvelle version : la version D. La traductrice reprit la version C d'Otto Frank, en la remaniant en profondeur, en veillant à ce qu'il n'y ait quasiment pas d'omissions par rapport aux versions A et B qu'elle avait traduites en allemand pour l'édition critique. Ainsi, la nouvelle traduction du *Journal* se présente comme un texte continu et cohérent, qui intègre sa propre genèse et tient compte à la fois de la complexité du texte et des circonstances compliquées de son élaboration.

---

1. *Anne Frank – L'Intégrale, op. cit.*

Mirjam Pressler, née en 1940 à Darmstadt d'une mère juive, était elle-même autrice de livres pour enfants et avait traduit de nombreux ouvrages du néerlandais et surtout de l'hébreu. Elle s'était intéressée de près à la biographie d'Anne Frank et avait ensuite rédigé, en collaboration avec Gerti Elias, *La Famille Frank*[1].

Mirjam Pressler écrivit à Vincent Frank-Steiner le 31 mars 1990 :

J'ai terminé et je suis très contente. Très longtemps, je me suis seulement attachée à certains passages, je n'ai vu que des détails, j'ai comparé, etc. Mais quand j'ai ensuite lu le manuscrit dans son ensemble, j'ai été enthousiasmée. Comme Anne Frank était une autrice intelligente, autocritique et ironique !

Je n'ai ajouté aucune phrase, je suis restée aussi proche de l'original que possible. Mon travail principal a consisté à raccourcir quelque peu les phrases, à déplacer des parties de phrases lorsque cela facilitait la lecture et à faire des paragraphes. J'ai donc fait seulement ce que n'importe quel éditeur, si Anne Frank était restée en vie, aurait fait avec elle, et je pense que c'est légitime.

Puis, Mirjam Pressler explique sa démarche lors de son travail de traduction, notamment à propos des noms propres inventés ou réels, des explications historiques, etc. Dans la version publiée en 1991, le volume du *Journal d'Anne Frank* a augmenté d'environ un quart par rapport aux versions précédentes. C'est ainsi qu'est née la version D, « l'édition faisant autorité dans le monde entier », comme l'autorise le Anne Frank Fonds. Cela signifie à l'échelle mondiale que les éditions dans d'autres langues doivent s'y conformer, mais qu'elles partent de l'original néerlandais pour la traduction. En 2017, pour l'édition intégrale de l'œuvre d'Anne Frank, les versions A et B sont à nouveau reproduites séparément[2].

1. Paris, Perrin, 2011.
2. *Anne Frank – L'Intégrale*, *op. cit.*

Grâce à la version D, nous pouvons aujourd'hui suivre avec une relative précision les modifications apportées aux trois versions du journal – A, B, C. Mais il nous reste tant à découvrir sur le processus éditorial lui-même, au-delà des petites ou grandes découvertes de passages remaniés.

Si par exemple la jeune fille de treize ans écrit d'abord dans la version A : « Me voilà repartie à parler de moi, mais il faut dire que cette bonne femme a le don de venir aux moments les plus intimes. Elle m'a gâché tout mon plaisir, au revoir Kit, transmets-leur mes amitiés à tous. Anne Frank 27 sept. 1942 », il faut y ajouter une lettre d'elle à cette très chère Conny/Kitty, cette interlocutrice inventée, le deuxième personnage principal du journal d'Anne :

Comment ça va entre toi et la maîtresse, pauvre chérie tu dois être très seule, mais écoute, j'ai un projet réjouissant, tu vas pouvoir venir dormir chez moi, j'ai passé toute une matinée chez ta mère et maintenant elle est d'accord, j'espère que ce petit changement va te plaire, dépêche-toi de venir. Aujourd'hui, j'ai eu comme on dit chez nous une « discussion » avec maman, mais l'embêtant c'est que je ne peux pas m'empêcher de fondre en larmes, je n'y peux rien, papa est toujours gentil avec moi, et il me comprend bien mieux. Ah, dans ces moments-là, je ne peux vraiment pas supporter maman et c'est comme si elle ne me connaissait pas, car, vois-tu, elle ne sait même pas ce que je pense des choses les plus anodines. Nous parlions des bonnes, et nous disions qu'on devait les appeler « aides ménagères » et qu'après la guerre, ce serait sûrement obligatoire, mais je n'en étais pas si convaincue et puis elle a dit que je parle toujours de « plus tard » et que je prends des airs d'adulte, tout comme Peter, mais ce n'est pas vrai du tout, et j'ai bien le droit de faire des châteaux en Espagne, ce n'est pas si grave, ce n'est pas la peine d'en faire un plat. Papa, au moins, me défend, sans lui j'aurais bien du mal à tenir le coup ici.

Anne Frank modifie cette première version – en fait : deux points précis – sur une feuille libre :

Dispute avec maman, pour la énième fois ces derniers temps, cela ne va pas très bien entre nous, malheureusement, et je ne m'entends pas bien non plus avec Margot. Même si dans notre famille, on n'en vient jamais aux éclats de voix comme au-dessus, c'est loin d'être toujours drôle pour moi. Margot et maman ont des caractères qui me sont si étrangers, je comprends mieux mes amies que ma propre mère, c'est navrant, non ? Nous discutons souvent de problèmes d'après-guerre, par exemple qu'il ne faut pas parler des bonnes avec mépris, mais à mon avis, ce n'est pas aussi grave que la différence entre « madame » et « mademoiselle » chez des femmes mariées.

Dans le premier texte de la version originale d'Anne Frank (A), les choses sont vécues de manière plus immédiate, le récit est saisissant par son expressivité. En revanche, le deuxième texte (B), rédigé par Anne, élargit, grâce au raccourci, le regard depuis le vécu immédiat jusqu'au récit indirect. La troisième version (C) quant à elle reprend la deuxième presque littéralement, à une différence près, à savoir que les « problèmes d'après-guerre » ne figurent que dans la première version de *Het Achterhuis*. La version de Mirjam Pressler est une synthèse de A, B et C, concrète et détaillée :

Aujourd'hui, j'ai eu comme on dit chez nous une « discussion » avec maman, mais l'embêtant c'est que je ne peux pas m'empêcher de fondre en larmes, je n'y peux rien, papa est toujours gentil avec moi, et il me comprend bien mieux. Ah, dans ces moments-là, je ne peux vraiment pas supporter maman et c'est comme si elle ne me connaissait pas, car, vois-tu, elle ne sait même pas ce que je pense des choses les plus anodines.

Nous parlions des bonnes, et nous disions qu'on devait les appeler « aides ménagères » et qu'après la guerre, ce serait sûrement obligatoire. Mais je n'en étais pas si convaincue, et puis elle a dit que je parle toujours de « plus tard » et que je prends des airs d'adulte, mais ce n'est pas vrai du tout, et j'ai bien le droit de faire des châteaux en Espagne, ce n'est pas si grave, ce n'est pas la peine d'en faire un plat. Papa, au moins, me défend, sans lui j'aurais bien du mal à tenir le coup ici.

Mirjam Pressler rassemble les parties divergentes de la première version en un texte cohérent tout en intégrant les corrections ou modifications de la version B apportées par Anne Frank. Elle se fait, du moins dans cette partie, l'écho de l'intention de la jeune autrice. À cet égard, celle-ci fait preuve de beaucoup d'assurance dans l'expression et d'une appréciation précise des nouvelles diffusées par la radio, aussi bien que d'une vision élargie des changements au fil de l'histoire – à propos par exemple des employés de maison que l'on désignerait plus tard différemment, afin de ne pas rabaisser une fois encore les gens en raison de leur origine et d'évaluer autrement les couches sociales les plus pauvres après l'expérience de la persécution. Anne Frank parvient à apprécier ce « plus tard » qu'elle n'a pas vécu, mais qu'elle a su anticiper.

Mirjam Pressler a donc maîtrisé à trois égards la tâche qui lui était confiée : en tant que traductrice, en tant qu'éditrice et en tant qu'autrice de ses propres livres.

Littérature

On n'a attaché que tardivement de l'importance aux textes littéraires d'Anne Frank, on n'y a longtemps vu qu'une composante superfétatoire du journal. Néanmoins, Anne Frank confère à ses notes une dimension littéraire en racontant par exemple certains passages sous forme de contes qui se détachent du fil de la chronique tout en y faisant écho. Les « Petites histoires et événements de l'Annexe », comme on appelait les textes littéraires d'Anne Frank, constituent son histoire. Le fait même de les séparer induit une intervention de l'éditeur. En séparant les deux formes, en les publiant comme deux livres distincts, on a ignoré la partie littéraire de son œuvre, on a considéré qu'elle n'en faisait pas partie.

Le 9 mai 1944, Anne Frank écrit dans son journal : « L'histoire d'Ellen, la fée, est terminée. Je l'ai recopiée sur du beau papier à lettres, décorée à l'encre rouge et j'ai cousu les feuillets. Le tout a assez bonne allure, mais je me demande si ce n'est pas un peu maigre. » Elle a prévu d'offrir l'histoire à son père pour son anniversaire.

Ellen est une fée d'une autre trempe que ses sœurs du royaume des fées, qui viennent en aide aux humains de-ci, de-là. Toute la mission d'Ellen consiste à rendre le monde et les gens heureux. Les parents d'Ellen sont morts quand elle était toute petite, mais ils lui ont légué une fortune, de sorte qu'Ellen a pu exaucer de nombreux souhaits. Un matin, elle prend un panier rempli d'argent et fait le tour des cabanes de la région. Dans la première, elle aide les habitants d'une liasse de billets, dans la deuxième, elle se rend compte que l'argent n'est d'aucune aide car le malheur est d'une autre nature. Ellen donne alors un conseil à la malheureuse femme : « Par une matinée calme et belle, traverse le grand bois, tu sais, celui au bout duquel commence une grande étendue de lande. Eh bien, quand tu auras déjà marché un moment à travers la lande, assieds-toi par terre et ne fais plus rien. Regarde seulement le ciel et les arbres, tu deviendras très calme et tout à coup, plus rien ne te paraîtra d'une tristesse si insurmontable qu'il soit impossible d'y remédier. » Et c'est ainsi qu'Ellen part, son panier à la main, distribuant l'argent çà et là ou prodiguant ses conseils, elle sait exactement comment s'y prendre. « Grâce à toutes ces visites, Ellen s'était fait beaucoup d'amis et d'amies, pas parmi les elfes et les fées, mais de simples mortels. » Peu à peu, l'argent vient à manquer ; mais Ellen continue à dispenser ses nombreux cadeaux, non pas en argent, mais en bons conseils et en paroles aimantes. Et l'histoire se conclut en ces termes :

À la mort d'Ellen, devenue une vieille fée, on pleura comme jamais auparavant dans le monde. Pourtant l'esprit d'Ellen n'était pas mort, car lorsque les gens dormaient, elle revenait souvent et leur donnait de beaux rêves, si bien que dans leur sommeil ils recevaient encore les conseils d'Ellen, cette fée pas comme les autres.

C'est une histoire simple, dotée d'une morale, comme beaucoup d'autres textes d'Anne, dont le sens ne se révèle que dans le contexte du journal intime. Il en va de même dans la nouvelle *Riek*, où une jeune fille, devant la magnifique devanture d'une pâtisserie, se déclare déjà rassasiée et offre sa part de gâteau à une autre jeune fille. C'est un motif très ancien de conte de fées : donne et tu seras gagnant.

Dans les histoires et les récits d'Anne Frank, l'imaginaire se crée un espace et, dans un monde menacé, abolit le temps. Il en résulte un monde parallèle dans lequel le bien s'impose de manière simple et devient le principe directeur.

Mais l'horreur se manifeste également, comme dans l'Histoire de l'Annexe intitulée « Angoisse », qui traite de la peur des personnes enfermées et menacées :

L'époque que je traversais était épouvantable. La guerre faisait rage autour de nous et personne n'était sûr d'être encore en vie l'heure suivante.

Mes parents, mes frères, mes sœurs et moi-même, nous vivions en ville, mais nous nous attendions à être évacués ou à devoir fuir. Les journées étaient pleines de coups de canon et de tirs, les nuits remplies d'étincelles et d'explosions mystérieuses qui semblaient venir des profondeurs.

Même exposée à cette menace, Anne trouve une issue, certes une issue rêvée, mais une issue riche en opportunités, un chemin qui conduit dans la nature, dans l'herbe, au milieu des pissenlits et des trèfles sous le vaste ciel de la littérature. Anne, enfermée, se rêve projetée dans l'espace, dans le cosmos :

Quand je me suis retrouvée seule avec la nature, j'ai alors pris conscience, en fait à mon insu, que cette angoisse ne m'était d'aucune aide, qu'elle ne servait à rien et que tous ceux qui éprouvent de la peur, comme moi à l'époque, ont tout intérêt à observer la nature et à constater que Dieu est bien plus proche que ne le pensent la plupart des gens.

À partir de ce moment-là, alors que d'innombrables bombes sont encore tombées autour de moi, jamais plus je n'ai eu vraiment peur.

Nous rencontrons chez Anne Frank le nain intelligent et Blurry, l'explorateur du monde, nous découvrons la vie de Cady. Et nous rencontrons dans le journal la « chère Kitty », un personnage tout à fait littéraire. Au fil des différentes étapes de la publication du journal, nous retrouverons ce monde de l'imaginaire.

Anne Frank en Allemagne

Lorsque *Het Achterhuis*, l'édition néerlandaise du *Journal d'Anne Frank*, fut publiée à Amsterdam, la ville de Hambourg avait été presque entièrement détruite par la guerre. Le paysage urbain n'était que cratères, entonnoirs de bombes et ruines à perte de vue. Des quartiers entiers de la ville hanséatique comme Veddel ou Rothenburgsort avaient été rasés. Après la tempête de feu de l'offensive aérienne appelée Gomorrah quatre ans plus tôt, les corps des victimes n'avaient même pas pu être récupérés : du ciment avait été versé sur les maisons et les bunkers détruits ainsi que sur les morts qui s'y trouvaient. C'était « l'effondrement », comme Hans Erich Nossack intitula son livre sur l'incendie du 24 juillet 1943[1], l'effondrement extérieur d'une ville, mais bien plus encore son effondrement intérieur.

Une œuvre hambourgeoise incarna tout particulièrement cette période : *Dehors devant la porte*[2] de Wolfgang Borchert, pièce écrite en huit jours à la fin de 1946, – ou plutôt, selon le témoignage de Peter Rühmkorf, durant le mois de janvier 1947 –, puis diffusée comme pièce radiophonique par la Nordwestdeutscher Rundfunk le 25 février 1947 et créée en novembre de la même année aux Kammerspiele de Hambourg. « Une pièce qu'aucun théâtre ne voudra jouer et que personne ne voudra voir », tel était le sous-titre que Wolfgang Borchert avait donné à son œuvre,

1. Hans Erich Nossack, *L'Effondrement*, Genève, Héros-Limite, 2021.
2. Marseille, Agone, 2018.

mais il s'agissait plus encore d'une parole de ralliement. Parmi ses premières lectrices figurait l'actrice Ida Ehre, fondatrice et directrice de longue date des Kammerspiele. Après la diffusion de la pièce radiophonique, elle s'était empressée au chevet de Wolfgang Borchert, alors âgé de vingt-six ans, qui avait été blessé à la guerre et arrêté à plusieurs reprises pour « atteinte portée au moral des troupes ». Borchert était alors en convalescence dans la maison de ses parents à Alsterdorf, au nord de la ville, et Ida Ehre s'était assurée lors de sa visite les droits pour la première représentation de la pièce. Ida Ehre était plus âgée que Borchert d'une génération. Elle était née en 1900 en Moravie, et avait en tant que juive échappé à la persécution et à l'extermination grâce à la protection relative que lui garantissait son mariage avec un médecin non juif, dont elle était par ailleurs l'assistante. La première de *Dehors devant la porte* eut lieu le 21 novembre 1947 au Kammerspiele de Hambourg, dans une mise en scène de Wolfgang Liebeneiner avec l'autorisation du gouvernement militaire. Au début de la première représentation, Ida Ehre monta sur scène et annonça au public que Wolfgang Borchert était mort la veille au soir au Claraspital de Bâle : « Le public s'est levé. Nous avons respecté quelques minutes de silence avant que la représentation ne commence », se souvient-elle bien des années plus tard. « La consternation était si grande que tout d'abord personne n'applaudit à la fin du spectacle. Je ne sais pas si c'était la consternation d'avoir appris la mort de Wolfgang Borchert ou si c'était la pièce qui avait impressionné le public à ce point. En tout cas, il y eut un silence interminable – jusqu'à ce que déferle un tonnerre d'applaudissements. »

« Nous sommes la génération sans attache et sans profondeur. Notre profondeur est l'abîme. » Cette citation est aujourd'hui inscrite sur un monument commémoratif en hommage à Wolfgang Borchert à Hambourg, au bord de l'Alster, devant lequel les gens passent sans y prêter attention. Rares sont ceux qui s'arrêtent. *Dehors devant la porte* est la pièce de leurs grands-parents ou arrière-grands-parents, des soldats rapatriés chez eux, dans la mesure où ils avaient encore un chez-eux, des bombardés, des blessés, des expulsés, des hommes et femmes coupables et démoralisés, incapables de donner un sens à leurs actes, de fournir une réponse aux questions qu'on leur posait à ce sujet.

La pièce raconte l'histoire de Beckmann, un soldat parmi tant d'autres qui rentre chez lui. C'est aussi l'histoire de sa femme qui l'a presque oublié, du directeur du cabaret, de Mme Kramer, du vieil homme, de l'entrepreneur des pompes funèbres qui ne fait que roter, d'un balayeur qui n'en est pas un et de l'Elbe, le fleuve qui prend la parole. Cette liste de personnages constitue la génération de l'abîme. Ils sont déçus, sceptiques, estropiés, physiquement et psychiquement, minés en tout, aussi bien du point de vue moral qu'éthique. Beckmann tente de se suicider en se jetant dans l'Elbe. Mais le fleuve le rejette. Il refait surface, nage vers la rive salvatrice et erre dans la ville qui était sa patrie, qui n'en est plus une et qui ne le sera plus jamais.

Plus tard, on a vu dans la pièce *Dehors devant la porte* une allégorie d'une lourdeur excessive, d'un expressionnisme suranné, une représentation partiale du sort des victimes, une sorte d'entre-soi des bourreaux dans leur vision trop allemande d'eux-mêmes, qui laissent le destin des autres « dehors, devant la porte du théâtre », comme l'a montré Jan Philipp Reemtsma. On peut dire aussi qu'il s'agit d'une pièce liée à son époque, dans sa réussite comme dans son échec – l'une étant forcément indissociable de l'autre. Pour le XXe siècle, si riche en innovations théâtrales et en expériences dramaturgiques, elle offre une nouveauté inouïe : un cri dramatique, radical et impitoyable – et elle jette un pont par-dessus l'Elbe vers *Le Journal d'Anne Frank*.

Les deux livres parurent dans leurs langues originales la même année, en 1947, se vendirent très bien par la suite, furent traduits dans de nombreuses langues et mis en scène des milliers de fois. Mais le lien entre les deux œuvres se perpétue d'une manière tout à fait spécifique.

Hamburger Akademische Rundschau

Les Kammerspiele de Hambourg se trouvent à Grindel, l'ancien quartier juif de la ville hanséatique. Aujourd'hui encore, la création de la pièce de Wolfgang Borchert influence la programmation du théâtre de l'Humanité, situé à proximité de l'université. Le 6 juin 1946, le gouvernement militaire britannique accorda une licence à la *Hamburger Akademische Rundschau*, la première revue étudiante de la ville. Celle-ci fut créée par Karl Ludwig Schneider, étudiant en germanistique de vingt-six ans, qui s'était chargé de la demande d'autorisation officielle dans sa ville natale auprès des autorités d'occupation. Il avait fait partie du cercle hambourgeois de la Rose blanche, ce cercle d'étudiantes et d'étudiants, rassemblés autour de Sophie et Hans Scholl, de Christoph Probst et du professeur d'université Kurt Huber à Munich, lesquels avaient appelé à la résistance contre le national-socialisme dans des tracts distribués à l'hiver 1943. À Hambourg aussi, des personnes de même sensibilité se réunirent. Après l'arrestation de la plupart des membres de la Rose blanche en février 1943 et leur exécution, Karl Ludwig Schneider fut lui aussi envoyé en prison, puis en camp de concentration, d'où il fut libéré deux semaines avant la fin de la guerre, juste avant d'être jugé par le Volksgerichtshof, la cour spéciale du tribunal politique « du peuple » qui l'aurait inévitablement condamné à mort. Il appartenait à la même génération que Wolfgang Borchert, de qui il était ami.

Avec son ami d'enfance Joachim Heitmann, dont la maison d'édition Hansischer Gildenverlag publiait la revue *Akademische*, comme on l'abrégeait, il avait conçu le projet de fonder une revue dont il décrivit plus tard le programme en ces termes : « Confrontation avec le sombre héritage du Troisième Reich, réflexion sur les traditions intellectuelles réprimées par le fascisme et sortie de la longue période d'isolement par le rétablissement des contacts scientifiques et culturels avec l'étranger. » C'est ainsi que naquit une revue qui ne touchait pas seulement le public étudiant et qui, par ses thèmes comme par ses articles, visait à éclairer et informer.

« Qu'est-ce que le fascisme ? » fut l'un des thèmes de la revue, « Frédéric le Grand et la postérité » en fut un autre, tout comme les grandes lignes de la philosophie de l'existence, la prose d'Ernst Jünger et, à la suite de Thomas Mann, le concept d'« émigration intérieure », ainsi qu'un thème que la revue aborda à plusieurs reprises : l'antisémitisme. Le premier numéro de la troisième année s'ouvrait en 1948 sur une contribution du philosophe Nikolaï Berdiaev de Kiev, rédigée peu avant sa mort en exil en France, sur le thème de « christianisme et antisémitisme », avec une introduction de Karl Ludwig Schneider. Depuis quelque temps, on signale dans de nombreux pays une résurgence inquiétante des courants antisémites et ce n'est donc probablement pas un hasard si une série de revues et de personnalités étrangères ont à nouveau pris position sur « l'éternelle question juive. » Berdiaev avait publié en Suisse son dernier essai dans lequel il se penchait sur une seule question : Quelles sont les causes profondes de l'antisémitisme ? D'où proviennent les préjugés que Berdiaev énumère une fois de plus, le racisme, l'idée que les juifs auraient inventé aussi bien le capitalisme que le socialisme ? Le philosophe répond à la question des origines de l'antisémitisme à l'aide de l'histoire des religions : le christianisme aurait selon lui généré l'antisémitisme au fil des siècles. Il s'agirait d'un dogme religieux.

La revue *Akademische* ne cessait d'aborder ce sujet. Dans le numéro suivant, Otto Hahn dut écrire sur le « Juif » en tant que concept magique, ou plus exactement montrer l'utilisation magique de ce concept. Eva G. Reichmann se pencha sur l'antisémitisme en tant qu'« idéologie de crise », Kurt Stechert sur la naissance de l'« antisémitisme racial ». C'est dans ce contexte que Karl Ludwig Schneider prit connaissance du *Journal d'Anne Frank* qui venait de paraître et en lut quelques extraits. Finalement, le 25 avril 1948, il se présenta à Otto Frank à l'adresse de la Schweizer Bücherhilfe – un centre de formation d'inspiration sioniste à Zurich – en tant que lecteur d'une maison d'édition de Hambourg et éditeur de sa revue.

Je suis sûr de pouvoir intéresser un éditeur de Hambourg à la publication de ces notes et, en tant qu'ancien détenu de camp de concentration, je tiens à souligner que ce sont des motifs plus humains que mercantiles qui m'ont poussé à proposer mes services.

Mais c'était justement là que résidait la difficulté. Ni Rowohlt ni aucune des maisons d'édition hambourgeoises contactées ne manifestèrent d'intérêt. Tantôt on invoquait des raisons économiques s'opposant à une publication, tantôt c'étaient les restrictions de papier ou justement des réserves sur le contenu.

La maison d'édition Contact avait demandé au journaliste et auteur néerlandais Nico Rost, qui s'était rendu dans la zone allemande d'occupation soviétique, de servir d'intermédiaire avec une maison d'édition allemande. À l'hôtel Adlon, il reçut en juillet 1949 une lettre de Weimar :

Je suis très, très embarrassé, mais le journal de la jeune fille juive allemande que vous m'avez aimablement envoyé ne me semble pas convenir à la maison d'édition Kiepenheuer, qui a toujours eu pour ambition de ne publier que des livres de haut niveau littéraire. Si le livre a eu un tel succès en Hollande, c'est que la situation y est différente de la nôtre. Je suis convaincu qu'ici, il aurait plutôt un effet néfaste, ce que ne souhaite certainement aucun d'entre nous. Par ailleurs, nous avons l'intention de publier un livre au style très chaleureux écrit par une assistante sociale juive qui a officié dans les prisons et qui va vraiment au fond des choses. Quoi qu'il en soit, le conseil culturel ne nous accorderait sans doute pas deux livres sur le même sujet...

L'histoire de l'édition connaît de nombreux refus embarrassants ; celui-ci l'est particulièrement par sa sévérité et sa complaisance envers la grande qualité de ses propres publications. La maison d'édition Volk und Welt se rallia au jugement de Kiepenheuer et ajouta en guise d'excuse :

Nous publions maintenant une nouvelle de l'écrivaine Grete Weil, qui a vécu illégalement en Hollande pendant la guerre et a écrit pendant cette période le texte Ans Ende der Welt (Dilettanten spielen Theater) *[Au bout du monde (Des dilettantes font du théâtre)]. Nous voulons vous montrer ainsi que nous n'avons pas peur de traiter ce sujet délicat, mais nous ne pensons pas que votre livre convienne ici à un large public de lecteurs.*

1950

En janvier 1950, Otto Frank rencontra l'éditeur Lambert Schneider à Heidelberg et lui remit le manuscrit. La réponse de l'éditeur se fit quelque peu attendre, mais tous deux finirent durant l'été par conclure le contrat pour le *Journal*, alors intitulé *Clandestins...*

Lambert Schneider, né en 1900, avait fondé sa maison d'édition en 1925 à Berlin. Le projet le plus connu et, d'une certaine manière, le plus audacieux parmi ses publications était la nouvelle traduction de l'Ancien Testament par Martin Buber et Franz Rosenzweig. Il fallait beaucoup d'audace pour entreprendre une traduction de la Bible sans les deux Églises, les universités ni les académies. Cela était le fruit d'une conviction profonde et le résultat de la perspective historique qui amenait à éviter la réinterprétation christologique et à recourir à l'original en hébreu de manière novatrice et assumée. Après la mort prématurée de Rosenzweig en 1929, la nouvelle traduction ne fut achevée par Martin Buber qu'en 1960. Lambert Schneider voulait renouer avec les traditions intellectuelles des années 1920, notamment avec l'héritage juif allemand auquel il s'était consacré très tôt. Personne en Allemagne n'avait le flair, l'habileté, le savoir ni l'expérience de Lambert Schneider dans ce domaine. Cet éditeur à la réputation irréprochable ne fonda pas à Heidelberg une maison d'édition généraliste, mais une maison d'édition qui devait encore trouver son public.

Lorsque *Le Journal d'Anne Frank* fut publié en 1950, le programme de la maison d'édition était essentiellement déterminé par cette tradition juive allemande et l'expérience du national-socialisme. La liste des livres disponibles et en préparation mentionne, outre cette nouvelle publication, les *Six essais* d'Hannah Arendt, devenus célèbres par la suite sous le titre de *La Tradition cachée*, ainsi que *Gog et Magog* de Martin Buber, *La Culpabilité allemande* de Karl Jaspers de 1946, plusieurs titres d'Alexander Mitscherlich, le traité de jeunesse *Euthanasie et meurtre de masse* de Viktor von Weizsäcker sur les crimes du national-socialisme et des œuvres canoniques de Platon, Blaise Pascal et d'autres encore, puis à la rubrique « Art et poésie », à côté des contes de Hans Christian Andersen, des poèmes de Clemens Brentano, et finalement après Fontane, *Le Journal d'Anne Frank*. L'alphabet les avait tous deux réunis.

À l'été 1950, quelques semaines avant la publication du *Journal d'Anne Frank*, la maison d'édition Christian Wegner à Hambourg publiait le livre *Jugend unterm Schicksal* [Jeunesse sous le destin], c'est-à-dire « La jeunesse sous la croix gammée », comme fut intitulé un volume similaire des décennies plus tard. Sous-titré *Témoignages de jeunes Allemands 1946-1949*, il annonçait solennellement un document unique « de notre temps » :

Le visage de la jeune génération de la Seconde Guerre mondiale, si souvent évoqué, est esquissé pour la première fois sur la base de documents précis. Les témoignages, tout à fait factuels et le plus souvent empreints de retenue, révèlent un type de jeunesse qui n'existait pas auparavant, même parmi les jeunes de la Première Guerre mondiale. Le destin de la plupart de ces jeunes gens est plus dur et plus impitoyable que celui qu'avait connu presque toute la jeunesse auparavant. Seul l'Être devait tenir bon et faire ses preuves. Et il a fait ses preuves…

La préface était de la plume d'Albrecht Goes, qui devait également en rédiger une par la suite pour *Le Journal d'Anne Frank*. Il avait consulté le recueil de témoignages des années 1924 à 1929, les années de Margot et d'Anne Frank, qui se caractérisaient par un conformisme effrayant. Gisela C., vingt ans, écrit : « ... C'est alors que survint l'horrible, l'inconcevable, l'atroce, qui bouleversait et plongeait d'un seul coup dans l'incertitude tout ce qui était si bien réglé et nous était si cher : l'invasion de la patrie par les Russes, la fuite vers l'obscurité et l'inconnu devant l'ennemi menaçant. » Une même chose caractérise les témoignages de ce livre, l'individualité étouffée qui ne s'est probablement jamais épanouie, la tristesse insondable qui ne cesse de tourner autour d'elle-même. Les Allemands de la tranche d'âge d'Anne Frank, réunis dans le livre *Jugend unterm Schicksal*, se considèrent comme des victimes, des victimes de la violence, de la guerre, de l'expulsion, de ce qu'ils appellent le destin.

La génération allemande née en 1929 était à des années-lumière du *Journal d'Anne Frank*, de sa force d'expression, de sa subtilité, de l'expérience qu'il relatait, de sa dimension éthique. Il ne s'agit évidemment pas d'opposer l'un à l'autre. Mais nous nous rendons compte que le journal intime, en tant que genre à part entière, était en 1950 celui des victimes. Les auteurs de crimes, jeunes ou vieux, tenaient beaucoup moins souvent un journal.

Faux

À l'automne 1951, Otto Frank reçut un courrier de sa maison d'édition contenant « une requête peu réjouissante » : « Une librairie de Francfort a vendu le livre de votre fille à une professeure. Celle-ci a rapporté le livre quelques jours plus tard, très agitée, affirmant qu'il était impossible qu'il ait été écrit par un enfant et qu'elle serait reconnaissante de pouvoir obtenir l'adresse de la famille. La librairie s'est alors adressée à nous en nous demandant de bien vouloir vous informer de l'incident et vous prier en même temps d'écrire une courte lettre à cette dame. »

Ce qu'il fit aussitôt : le 22 octobre 1951, Otto Frank écrivait à Mme Weber, proviseure du lycée du Mittelweg à Francfort-sur-le-Main : « Vous avez acheté le journal intime de ma fille chérie, mais vous avez ensuite exprimé vos doutes auprès du libraire, à savoir que le livre ne pouvait pas avoir été écrit de sa main. » Il ajoutait qu'il acceptait volontiers de lui expliquer l'état des choses :

Anne est arrivée à Amsterdam à l'âge de quatre ans et a de ce fait écrit son journal en néerlandais. Personne n'a jusqu'à présent mis en doute le fait que tout cela était le fruit d'une expérience authentique et que rien n'y avait été rajouté. La France n'a pas non plus exprimé de doutes et je ne connais qu'un seul cas – à part vous – en Suisse. Il est possible que dans la traduction, certains passages soient exprimés de façon ampoulée, mais je vous propose de comparer chaque passage à l'original. Même si vous ne connaissez pas le néerlandais, vous pourrez aisément comprendre le texte grâce à la traduction. On a procédé seulement à quelques rajouts insignifiants dans le livre, elle a par exemple comptabilisé précisément tous ses cadeaux d'anniversaire, un petit rajout a été fait également à propos de la femme de Dussel, il s'agit de passages tout à fait insignifiants, mais toutes les pensées, toutes les expressions sont telles qu'elle les a écrites. Il va de soi que les signes de ponctuation et les omissions, qui arrivent à tout le monde lors de l'écriture d'un journal, ont été corrigés pour l'impression.

Otto Frank proposa alors de rendre visite à Katharina Weber pour « parler de tous les détails », si elle le souhaitait. À l'automne 1951 ou à l'hiver suivant, une rencontre eut effectivement lieu avec la directrice de l'école Elisabeth dans le quartier Nordend de Francfort, à l'époque un lycée de jeunes filles. Katharina Weber était probablement une enseignante comme il en existait autrefois en Allemagne : entièrement impliquée dans son métier, sévère mais juste, méticuleuse et empathique à la fois, dotée d'une sensibilité profonde à la psychologie des adolescents. Il semble qu'Otto Frank ait perçu cela, raison pour laquelle il se rapprocha d'elle. Il parvint à dissiper ses doutes. La proviseure finit par accueillir *Le Journal d'Anne Frank* dans le fonds de bibliothèque de son lycée et renvoya le 30 avril 1952 les contes et récits d'Anne, dont Otto Frank lui avait confié le manuscrit afin de lui donner une idée du talent littéraire précoce de sa fille. L'enseignante y reconnut « la maturité de l'observation + la cohérence de la présentation de certains récits » et ajouta : « En raison de contraintes professionnelles + de santé, il ne m'a malheureusement pas encore été possible de concrétiser mon intention de relire le journal d'Anne afin de pouvoir vous indiquer les passages qui avaient suscité mes réserves lors de la première lecture. »

Le *Journal* serait désormais accompagné du reproche d'être un faux comme d'une ombre. À l'image de l'enseignante rigoureuse mais indulgente s'ajoute celle du professeur approximatif, aveuglé par l'idéologie nazie, comme on en trouvait beaucoup en Allemagne dans les années 1950. Ainsi, Lothar Stielau, professeur au lycée zum Dom de Lübeck, avait-il écrit un article dans la revue des anciens élèves et amis du lycée, paru le 10 octobre 1958 sous le titre « Échos du match – la grande aventure de Tom Sawyer », dans lequel on pouvait lire : « Les faux journaux intimes d'Eva Braun, de la reine d'Angleterre, et celui d'Anne Frank, qui n'est pas beaucoup plus authentique, ont certes rapporté quelques millions aux bénéficiaires de la défaite allemande, mais ils ont eu aussi le mérite de nous rendre plutôt réceptifs. »

Le 15 janvier 1959, Otto Frank déposa plainte contre Stielau et Henrich Buddeberg[1], par l'intermédiaire de son avocat, auprès du parquet du tribunal de Lübeck pour diffamation, calomnie, injure, dénigrement d'une personne décédée et propos

1. Lothar Stielau et Henrich Buddeberg appartenaient tous deux au parti d'extrême-droite *Deutsche Reichspartei*, et Buddeberg a soutenu publiquement l'article de Stielau.

antisémites. Dans une première note au dossier, le ministère public considéra qu'il était urgent de clarifier la question de l'authenticité du journal : « En raison de l'extrême sensibilité de l'étranger vis-à-vis de l'Allemagne et de sa population au regard du passé national-socialiste, seule l'enquête du juge devrait ici apporter une réponse claire. » Cela signifiait qu'il était nécessaire de prouver l'authenticité du *Journal d'Anne Frank*.

« Qu'a écrit l'enfant ? »

La bataille juridique prit une tournure journalistique explosive avec la parution d'un article très fouillé dans le *Spiegel* du 1er avril 1959, intitulé « Was schrieb das Kind ? » [Qu'a écrit l'enfant ?] Cet article reprenait le débat juridique mené à Lübeck et précisait que Stielau, dans son article paru dans le journal du lycée, avait « logiquement compté Otto Frank, aujourd'hui âgé de soixante-dix ans » parmi les « bénéficiaires » des quelques millions. « Il était, poursuivait-il, le seul membre de sa famille à avoir survécu à l'envoi dans un camp d'extermination. » Otto Frank, Gottfried Bermann Fischer – en tant qu'éditeur de la maison d'édition S. Fischer Verlag, chez qui l'édition de poche du *Journal* avait été publiée en 1955 –, et Lambert Schneider étaient parties civiles. L'auteur non cité de l'article du *Spiegel* n'épargna pas Ernst Schnabel de ses critiques. Celui-ci avait publié sa « Réponse à un professeur » – à savoir Stielau – dans le journal *Welt am Sonntag*. Selon le *Spiegel*, il s'agissait de la « mise à mort morale du professeur de Lübeck ». Mais Stielau fut également la cible de critiques. Ses déclarations « laissaient supposer qu'il ne connaissait pas le livre d'Anne Frank, du moins jusqu'au moment de ses allégations ». Stielau avait en effet confondu l'édition en livre du *Journal* avec les deux adaptations scéniques américaines de l'ouvrage. Là encore, il faut préciser : l'accusé Stielau avait au moins suggéré cette confusion, nous ne savons pas si c'était par manque de connaissance ou par calcul. Quoi qu'il en soit, concluait le *Spiegel,* Stielau s'était heurté à un problème effectivement délicat – celui de la genèse de l'édition du livre – par un moyen détourné, « sans connaître les véritables faits ».

Et c'est là que le *Spiegel* critique le rôle joué par Isa Cauvern, qui avait en tout cas partiellement recopié le manuscrit, et celui d'Albert Cauvern, qui avait affirmé avoir rédigé la version dactylographiée d'une main experte, en tant que locuteur natif. Au début, il reconnaissait avoir fait pas mal de changements. « Par la suite », explique Cauvern, ses interventions dans le texte se seraient limitées à « améliorer la ponctuation, les erreurs idiomatiques et grammaticales ». Et le *Spiegel* de conclure :

Il n'est plus possible aujourd'hui de savoir avec certitude si ce que Cauvern communique est vrai, à savoir qu'en tant que collaborateur, il n'aurait pas vu le texte complet du journal d'Anne Frank et ne saurait donc pas non plus quels passages avaient été omis. Le seul témoin qui, à part Otto Frank, a participé à la réalisation du manuscrit du livre, la femme de Cauvern, Isa, s'est suicidée en juin 1946 pour des raisons inconnues. Elle s'est jetée par une fenêtre de l'appartement de Cauvern à Amsterdam.

Le fait que l'hebdomadaire cite Isa Cauvern comme « témoin » et mette implicitement son absence après le suicide en rapport avec le journal d'Anne Frank en dit long sur les tendances de la recherche, de même que l'insistance sur l'absence d'entrées dans le journal entre le 5 décembre 1942 et le 22 décembre 1943, absence qui « fut comblée à partir des feuilles volantes ("impures") à ce stade opaque de la sélection des textes, dont le collaborateur Cauvern refuse d'assumer la responsabilité ». Les feuilles « impures » sont justement celles qui ont subi un remaniement littéraire, qui ont été « nettoyées » par Anne Frank. Et en 1959, le *Spiegel* aurait dû s'interdire d'employer le mot de « sélection », tout comme l'épithète « opaque ». Quant au terme de « collaborateur », il suggère une mission officielle, un poste qui n'existait certainement pas. Il aurait été bien plus intéressant de se demander à quoi allaient servir en fait les omissions et dans quel but elles auraient dû être effectuées. Ou de se demander d'abord si à l'automne 1945, quelqu'un avait en tête les principes d'une édition historique critique. Et si les omissions et les modifications avaient finalement poussé Isa Cauvern, qui recopiait, à se « suicider ». Annie Romein-Verschoor a été interviewée, ainsi que Kurt Baschwitz, Jan Romein et certainement d'autres. Le magazine les accuse de crédulité, de trop grande proximité avec Otto Frank, en tout cas d'un manque de scepticisme dans leur participation – ou leur accompagnement – à la publication du journal.

Il faut évaluer différemment la performance philologique de l'article. Le *Spiegel* a été le premier journal à entreprendre la comparaison, pourtant évidente, entre la publication néerlandaise et l'édition allemande parue trois ans plus tard, et a constaté des divergences significatives dans la traduction d'Anneliese Schütz. Elle avait omis des pans entiers du texte, concernant la vie amoureuse naissante de l'adolescente, que le *Spiegel* a cité de manière d'autant plus détaillée. Et le magazine énumérait d'autres erreurs de traduction de Schütz, qui en fait n'était pas une traductrice, mais une journaliste émigrée d'Allemagne. Elle avait édulcoré les propos d'Anne critiquant les Allemands – sans doute pour ne pas fâcher le lectorat cible.

Le jugement positif porté par Ernst Schnabel sur la traduction dans sa réponse au professeur était certainement erroné. Celui-ci n'avait néanmoins pas du tout argumenté d'un point de vue philologique, comme cela aurait été approprié, au regard de sa profession, mais d'un point de vue politique, comme cela ne correspondait justement pas du tout à sa profession. Quelle que soit la manière dont on tourne et retourne le problème – et il a été tourné dans tous les sens par la suite –, il n'a pas été possible de démontrer la moindre tentative de falsification, malgré toutes les imperfections de traduction.

Cette accusation de falsification était le fait de certains, elle restait une affirmation des milieux d'extrême droite – et le tribunal de Lübeck chargea Otto Frank, qui faisait l'objet d'attaques, de réfuter justement ces attaques à motivation politique. Otto Frank se rendit à Lübeck en juillet 1959 pour un interrogatoire de deux jours puis ce fut au tour des anciens employés de la société Opekta, Bep van Wijk Voskuijl, Jan et Miep Gies le 29 septembre 1959. Le parquet constata que « les notes écrites trouvées par les témoins étaient bien celles d'Anne Frank ». Une expertise graphologique fut demandée, ainsi que l'expertise d'une enseignante de l'université de Hambourg, Hübner, chargée de vérifier si et dans quelle mesure il existait dans la traduction allemande du *Journal* des divergences par rapport au manuscrit, si des parties avaient été reproduites de manière contraire au sens ou en altérant le sens, s'il y avait des ajouts ou des omissions dans la version allemande.

En mai 1960, la graphologue conclut dans une expertise de plus de cent trente pages que tous les documents présentés étaient identiques à l'écriture d'Anne Frank et que les journaux I, II et III avaient été rédigés en premier. Dans son rapport, l'experte qualifia la traduction du *Journal* de « conforme au sens et, dans l'ensemble, objectivement correcte ». Elle ajoutait que des erreurs de traduction pouvaient être constatées et devaient être contestées en tant que telles, mais qu'elles devaient « être considérées comme des dommages ponctuels sans importance pour la compréhension du contexte global ».

Les avocats de Stielau qualifièrent l'expertise de Hübner de « dépourvue de toute valeur ». Le juge d'instruction nota que les objections des deux avocats ne pouvaient être levées. Le parquet de Lübeck posa deux questions extrêmement révélatrices de l'histoire de l'impact du *Journal d'Anne Frank*, à savoir si le *Journal* était authentique d'un point de vue documentaire et d'un point de vue littéraire. L'experte de Hambourg ne put répondre sans équivoque à la deuxième question. D'une certaine manière, la mauvaise compréhension du *Journal* en tant qu'œuvre littéraire – avec ses digressions, ses écarts, ses inventions, ses motifs et ses personnages qui ne relèvent justement pas de l'histoire contemporaine – a rattrapé Otto Frank en tant qu'administrateur responsable du *Journal* ainsi que ses avocats. Le parquet désigna un expert en chef, Friedrich Sieburg, le plus grand critique littéraire de l'époque, lui-même impliqué dans le national-socialisme, qui rendit un jugement aussi large qu'imprécis :

> Le Journal d'Anne Frank *est le témoignage d'une vie et le témoignage d'une époque. La personne qui se révèle dans ce livre est aussi vraie et authentique que les conditions qui ont déterminé son destin. Même si l'on voulait interpréter de façon malveillante les modifications mineures apportées par les éditeurs, cela n'affecterait en rien le caractère authentique du journal.*

Le 1er juin 1961, la troisième chambre pénale du tribunal de Lübeck décida, sur la base de tous les témoignages et des expertises demandées, d'entamer une procédure judiciaire principale contre Stielau et Buddeberg. Mais en octobre, les deux parties négocièrent un accord. Le juge qui présidait l'audience avait requis cet accord, arguant du fait que « si une partie offensée se contentait d'une déclaration de l'auteur du délit pour la restauration de son honneur, sans que cet auteur soit puni, cela était préférable à une décision de justice ».

Otto Frank regretta par la suite cet accord – à juste titre, car il ne s'agissait pas du tout pour Stielau et Buddeberg de s'entendre sur le fond. Il n'y avait pas non plus chez eux de bienveillance envers Otto Frank. Les deux accusés se livraient à de l'agitation politique, et l'accord permit à Stielau de rester dans l'enseignement. Un jugement aurait en revanche donné un signal clair dans cette affaire. En 1959, lorsque commença la bataille juridique, l'antisémitisme prenait de nouvelles formes en République fédérale d'Allemagne, renouant en fait avec ses anciennes manifestations. Pendant la période de Noël de cette année-là, la synagogue de Cologne fut recouverte de slogans antisémites et des cimetières juifs furent profanés.

Dès lors, l'accusation de falsification n'a cessé de réapparaître : chez Richard Horwood, David Irving, Robert Faurisson et d'autres. En 1976, lors d'une représentation théâtrale du *Journal d'Anne Frank*, un homme distribua des tracts devant le Thalia Theater de Hambourg. La police et le parquet intervinrent. Dans tous ces cas, face aux mensonges, Otto Frank dut se défendre lui-même. Aujourd'hui, aux Pays-Bas, nier l'authenticité du *Journal d'Anne Frank* est passible de poursuites.

Dehors devant la porte

Dehors devant la porte de Wolfgang Borchert et *Le Journal d'Anne Frank* connurent le succès en même temps, bien que dans des circonstances différentes, et auprès du même public. Ce succès fut accéléré par la représentation scénique des deux textes, face à un jeune public de spectateurs et de spectatrices, de lecteurs et de lectrices des deux textes qui s'avéraient être le reflet de l'état d'esprit des bourreaux aussi bien que des victimes.

L'enfant sauvé

À l'automne 1959, Theodor W. Adorno tint une conférence devant le Conseil de coordination pour la coopération judéo-chrétienne sur la question : « Que signifie le travail sur le passé ? » La nature de ce comité, mais aussi la période de la conférence témoignaient de l'urgence du thème dont le sociologue et philosophe s'emparait et auquel il voulait donner une signification fondamentalement nouvelle. Le devoir de mémoire était selon lui devenu une formule toute faite et était, à ce titre, extrêmement suspect. Il était d'avis qu'on voulait se débarrasser du passé, car on ne peut vivre dans son ombre. Adorno faisait d'emblée remarquer qu'il considérait la survivance du national-socialisme *dans* la démocratie comme potentiellement plus menaçante que la survivance des tendances fascistes *contre* la démocratie. Sa thèse semblait étonnamment moderne – et il décrivait ensuite les formes et contenus du rapport au passé national-socialiste, à savoir la négation et la minimisation des événements, l'apitoiement sur soi-même, le refoulement du souvenir, l'aveuglement volontaire et les comportements d'évitement.

La commémoration officielle ne jouait aucun rôle dans l'exposé d'Adorno, pour la simple raison qu'il n'y en avait pratiquement pas en 1959. Nous pouvons supposer qu'il l'aurait considérée avec scepticisme et qu'il aurait situé cette commémoration plutôt au niveau individuel que collectif. « Cela dépend sans doute essentiellement de la manière dont on se remémore le passé, si l'on en reste au simple reproche ou si l'on fait face à l'horreur grâce à la force de comprendre même l'incompréhensible. Pour ce faire, il faudrait évidemment une éducation des éducateurs. » Et dans ce contexte, Adorno, qui, en tant que professeur d'université, avait particulièrement à cœur la formation des enseignants, déplorait l'éviction hors d'Allemagne de la psychanalyse qui apprend à gérer son propre passé aussi bien que le passé collectif.

Vers la fin de son exposé, Adorno rapporta qu'une femme se serait exclamée, après une représentation théâtrale du *Journal d'Anne Frank* : « Oui, mais *cette* fillette-là, on aurait au moins dû la laisser vivre ! » Et Adorno de commenter : « Même cela était certainement une bonne chose, un premier pas vers la prise de conscience ». Et il poursuivait :

Mais ce cas individuel, censé représenter et expliquer à lui seul le tout terrible, est devenu en même temps, par sa propre individuation, l'alibi de ce tout que cette femme en venait à oublier. Ce qu'il y a de tordu avec ce genre de remarques, c'est que l'on ne peut même pas, au nom de celles-ci, s'opposer à des représentations de l'adaptation théâtrale du Journal d'Anne Frank *ou à d'autres choses similaires, parce que leur effet va tout de même dans le sens du potentiel du mieux, aussi grande que soit la répulsion que suscite ce genre de remarques et même si elles semblent porter atteinte à la dignité de la morte. Trop souvent, on part du principe que l'antisémitisme a un rapport essentiel avec les juifs et qu'il peut être combattu par des expériences concrètes avec les juifs, alors que le véritable antisémite se définit plutôt par le fait qu'il ne peut faire absolument aucune expérience, qu'il n'est ouvert à aucun échange.*

Trente ans plus tard, Hanno Loewy publia une étude sur l'universalisation de la figure d'Anne Frank sous le titre de *Das gerettete Kind* [L'Enfant sauvée] – une réflexion critique sur la seule phrase de cette femme qu'il ne mentionne même pas dans ce contexte, mais qui, en Allemagne, a un écho multiple : « Oui, n'aurait-on pas PU laisser vivre cette fillette-là ? »

Anne Frank à Broadway

Le soir du 5 octobre 1955 eut lieu au Cort Theatre de Broadway à New York la première du *Journal d'Anne Frank*. Le théâtre porte aujourd'hui le nom de James Earl Jones qui fit ses débuts à Broadway en 1958 avec la pièce *Sunrise at Campobello*. Sa voix grave caractéristique le rendit par la suite célèbre.

En octobre 1955, le rideau se levait sur le succès mondial qu'était le *Journal* – sur scène comme en librairie. En Amérique, il était devenu aussitôt après sa parution un véritable best-seller. En Allemagne aussi, les tirages du livre de poche s'étaient envolés dès les premières représentations théâtrales. Le 24 novembre 1957, on avait dépassé le demi-million d'exemplaires du *Journal* vendus sur le marché du livre germanophone. Un chiffre incroyablement élevé pour l'époque. Il semble que seule l'adaptation théâtrale ait permis de visualiser véritablement les personnages, les motifs, les scènes, le décor et peut-être même le sens entier de cette œuvre et d'en proposer une nouvelle lecture. Pendant des années, ce sera le dénouement de la pièce, et non la fin du *Journal* lui-même, qui déterminera sa compréhension la plus communément répandue. Les lumières s'éteignent et les mots d'Anne résonnent sur la scène obscure comme s'ils venaient de l'au-delà. »

Le couple Frances Goodrich et Albert Hackett qui avait procédé à la mise en scène s'était décidé en faveur de cette vision optimiste et avait occulté les circonstances historiques du 4 août 1944, jour de l'arrestation des huit clandestins. Otto Frank avait approuvé cette lecture. Dans son abondante correspondance, il ne cessait de rappeler que le *Journal* d'Anne n'était pas un livre de guerre et que, par conséquent, les fusils et les uniformes n'avaient rien à faire sur scène. L'élaboration du scénario elle-même avait été un processus laborieux car Otto Frank avait d'abord objecté que l'évolution d'Anne en particulier, qui explique les scènes de famille dans la pièce, n'était pas assez clairement mise en évidence. Le couple de metteurs en scène avait finalement fait appel à la dramaturge Lillian Hellman et au scénariste Garson Kanin qui avaient adapté la pièce au goût du public de Broadway pour en donner une version émouvante, simple, livrant un message moral clair.

La pièce commence par le retour dans l'ancienne cachette :

La lumière se fait derrière le tulle, on voit l'Annexe dévastée après l'arrestation de ses occupants, des chaises renversées, des objets au sol. Miep Gies fait pivoter la bibliothèque, franchit la porte et passe de pièce en pièce, bouleversée. Miep pose la boîte sur la table et continue sa visite. Dans la chambre d'Anne, elle s'assied sur le lit, reste un moment immobile puis ouvre le tiroir du bureau et en sort le journal, une sorte de gros cahier d'écolière recouvert d'un tissu à carreaux rouges et beiges. Lorsque la lumière revient, Monsieur Frank, venant de la salle, monte lentement les marches du petit escalier. Il reste un moment de dos, contemplant l'Annexe. Miep vient vers lui, ils s'étreignent. Miep donne à Monsieur Frank le journal et repart par l'escalier.

En deux actes de cinq scènes chacun, Goodrich et Hackett mettent en scène le journal intime. Il s'agit de la relation complexe d'Anne avec sa mère, de celle avec son père auquel elle est très attachée. De son amitié avec Peter. À un moment, Anne vit un terrible cauchemar dans lequel son amie Jopie lui apparaît dans un camp de concentration. Enfin, la voix off d'Anne annonce que les Alliés ont débarqué en Afrique et que son père prédit la fin imminente de la guerre. Seule la scène de la fête de Hanoukka constitue pour les spectateurs un indice ou plutôt une simple allusion leur permettant de comprendre que ces clandestins sont des juifs.

Le deuxième acte s'ouvre à nouveau sur la voix d'Anne :

Samedi 1ᵉʳ janvier 1944. Une nouvelle année commence et nous sommes en plein milieu de cette horreur qu'on appelle l'hiver. Cela fait exactement un an, cinq mois et vingt-cinq jours que nous sommes ici.

Les spectateurs sont témoins de la proximité croissante entre Anne et Peter. Madame Frank voit Monsieur Dussel voler une tranche de pain, une scène anodine dans le journal, mais lourde de conséquences.

Dans cet acte II, une autre scène est particulièrement évocatrice :

ANNE : À la fin de cette soirée horrible il s'est tout de même passé quelque chose de formidable. Papa m'a dit que Monsieur Bolkestein, depuis Londres, a annoncé à la radio qu'il faudrait recueillir après-guerre tout ce que les gens avaient écrit, les journaux, les lettres. Pour que plus tard on puisse comprendre vraiment ce qui s'est passé. Ça serait sûrement intéressant si je publiais un roman qui s'appellerait L'Annexe secrète. *Je pourrais me baser sur mon journal. Demain je le relis, pour voir !* (Pause) *Quand on n'écrit pas on ne peut pas imaginer à quel point c'est génial. Quand j'écris ça balaye tous mes soucis. Mais je veux aller encore plus loin. Je veux être utile, apporter du plaisir aux gens, même à ceux que je ne connais pas.* (Pause) *Comme ça je vivrai, même après ma mort !*

La dernière scène nous ramène à l'Annexe où Otto Frank est seul sur scène en train de lire la fin du journal d'Anne, qui est cette fois-ci devenu un vrai livre. Le père dit d'une voix hésitante :

MONSIEUR FRANK (Lisant à voix haute) : *« C'est un vrai miracle que je n'aie pas abandonné tous mes espoirs, car ils semblent absurdes et irréalisables. Néanmoins, je les garde car je crois encore à la bonté innée des hommes. »*

27 janvier 1945. Je suis libéré d'Auschwitz. Je ne sais rien d'Edith et des enfants. Et puis j'apprends… Edith morte à Birkenau, de faim et d'épuisement. L'hiver de 1945, le typhus à Bergen-Belsen, des milliers de prisonniers meurent, parmi lesquels Margot. Hanneli, l'amie d'enfance d'Anne, apprend sa mort quelques jours plus tard.

La première à New York eut un succès absolument incroyable. Le terme de « séisme » est celui qui décrit le mieux l'effet qu'elle provoqua alors. Soir après soir, la pièce fut jouée à guichets fermés. Elle fit le tour du monde et de l'Amérique, revint à l'endroit où tout avait commencé, en Europe et – d'une manière bien spécifique – en Allemagne.

Or, en ce soir d'octobre 1955 se trouvait aussi dans la salle de théâtre new-yorkaise un homme à qui le spectacle n'avait absolument pas plu : le journaliste, écrivain et dramaturge Meyer Levin. Né en 1905 à Chicago dans un milieu pauvre d'émigrés juifs européens, diplômé de l'université de Chicago, il s'était rendu à Paris en 1925 où, en faisant la connaissance d'autres juifs, il avait rencontré ses propres racines. Elles devinrent le thème dominant de sa vie. La même année, en 1925, Meyer Levin se rendit à Jérusalem où, en tant que correspondant de la Jewish Telegraphic Agency, il couvrit l'inauguration de l'Université hébraïque. Il prolongea son séjour à Jérusalem et en 1928, rejoignit un kibboutz en Palestine. Son œuvre littéraire s'articule autour de deux pôles : les troubles sociaux dans les quartiers sensibles du Chicago des années 1920 et le monde religieux des hassidim d'Europe centrale et orientale, qui, comme à beaucoup d'autres, lui a fait découvrir Martin Buber.

En 1944, Meyer Levin débarqua en Normandie avec l'armée américaine et fut un correspondant européen pour La Jewish Telegraphic Agency, pour laquelle il couvrit la libération des camps de concentration. Il se rendit à Nordhausen, Buchenwald et Bergen-Belsen et ne cessa d'étudier les listes de noms des morts. Ils devinrent pour lui, en un mot, une obsession, comme il le relate dans son autobiographie, publiée en 1973[1].

En critiquant la mise en scène de Broadway, il sema la zizanie dans les mondes de l'édition et du théâtre, jusqu'alors bien ordonnés, mais ce faisant, rappela justement au monde entier qu'il s'agissait d'un livre et d'une pièce de théâtre qui n'obéissaient pas et ne devaient pas obéir aux critères habituels du succès commercial, de l'émotion facile et des sentiments éphémères. Ce que l'on reprocha à Meyer Levin comme étant de l'ergotage et que l'on mit en rapport avec sa personnalité était bien plus une question de fond. Meyer Levin prenait parti pour ce qui lui paraissait absent sur la scène de New York et qui l'était effectivement : à savoir que les clandestins étaient des juifs et que leur persécution était une guerre totale. Contrairement à Otto Frank, Meyer Levin lut et interpréta le *Journal* comme un livre de guerre, relatant la persécution nazie et l'affirmation de soi des juifs.

L'histoire de sa vie, mais aussi l'histoire tout court, permet de comprendre pourquoi, ce soir d'octobre 1955, Meyer Levin ne put se joindre aux applaudissements frénétiques qui suivirent le tomber du rideau. Le 14 octobre, sa critique incendiaire paraissait dans le *National Jewish Post*. La pièce avait suscité en lui « un déplaisir extrême ». Il estimait qu'Anne Frank et ceux qui ont survécu aux camps de concentration méritaient certainement mieux que cette exploitation pure et simple. Toute la dimension juive était selon lui occultée dans la représentation, les

1. Meyer Levin, *The Obsession*, New York, Simon & Schuster, 1973.

élans amoureux pour Peter exagérés, la foi de la jeune fille était complètement passée sous silence.

Le détracteur avait pourtant été un fervent partisan du *Journal d'Anne Frank* et avait accompagné sa parution de critiques positives quelques années auparavant.

Broadway à l'Ouest comme à l'Est

Six jours après la première new-yorkaise, le 11 octobre 1955, le directeur de la maison d'édition S. Fischer, Rudolf Hirsch, écrivait à Otto Frank : « J'ai lu dans la presse américaine que l'adaptation théâtrale du *Journal* avait été jouée entre-temps à Broadway et avait remporté un grand succès. Pourrais-je vous demander d'user de votre influence pour que nous obtenions les droits de représentation en Allemagne ? » Ce qui se produisit en effet : la maison d'édition qui avait déjà diffusé le livre de poche avec tant de succès obtint les droits de représentation. Et un an plus tard, en octobre 1956, Broadway arrivait sur les scènes germanophones. La pièce fut jouée pour la première fois simultanément dans une dizaine de villes en Allemagne. Une telle création simultanée sur différentes scènes, en RDA comme en RFA, n'eut lieu par la suite qu'une seule fois dans l'histoire de l'après-guerre : pour *L'Instruction* de Peter Weiss, la grande pièce de théâtre sur le procès d'Auschwitz de 1965[1].

À partir de 1956, les théâtres de presque toutes les grandes villes de l'Ouest et de l'Est programmèrent *Le Journal d'Anne Frank*, souvent à guichets fermés. L'adaptation théâtrale du *Journal* développa sa propre dynamique et en accéléra la popularité et la diffusion comme pour aucune autre œuvre littéraire. La version de Broadway, qui s'était imposée malgré les oppositions et les contestations, était la version obligatoire pour toutes les autres représentations, de la première européenne à Göteborg aux mises en scène ultérieures, vingt ou trente ans plus tard.

1. Paris, L'Arche, 2023.

Le spectateur absent

D'emblée, Otto Frank avait décidé de ne pas assister aux représentations théâtrales. Il était invité à presque toutes et déclinait à chaque fois l'invitation, mais se faisait envoyer les comptes rendus des représentations, les photos et les programmes et suivait l'actualité théâtrale à distance, probablement avec plus d'attention que s'il avait été spectateur. Le 5 septembre 1956, Otto Frank écrivit au metteur en scène berlinois de la pièce, Boleslaw Barlog :

Monsieur, la semaine dernière, j'étais à Francfort et j'ai obtenu de la maison d'édition Fischer des informations plus détaillées sur les différentes représentations allemandes du Journal d'Anne Frank. *Après avoir eu des entretiens approfondis avec les metteurs en scène de Londres et Amsterdam, il me semble souhaitable de prendre également contact avec ceux des scènes allemandes. Je vous aurais volontiers rendu visite personnellement, mais comme je sais qu'avec vous, la pièce est entre de très bonnes mains, d'autant plus que vous avez vu la représentation à New York, un voyage à Berlin ne m'a pas semblé nécessaire.*

Le livre avait une mission particulière en Allemagne et je suis heureux que l'édition Fischer à prix réduit permette d'atteindre et d'éveiller les cercles les plus larges possible. La dramatisation doit également servir le même objectif, à savoir transmettre le message d'Anne. Loin de moi l'idée de vouloir m'immiscer dans quoi que ce soit, néanmoins je voudrais attirer l'attention sur un point qui me préoccupe à certains égards pour les représentations en Allemagne.

Il s'agit de la scène du vol du pain, qui a été inventée par les Hackett afin de créer un effet dramatique. À présent, je m'inquiète que le public allemand puisse mal interpréter cette scène et condamner cette action née de la nécessité. On pourrait dire « regardez, ici un juif en vole un autre ». Votre avis sur la question de savoir si l'on peut rendre cette action suffisamment crédible pour qu'elle ne suscite pas de rejet de la part du public me serait très précieux.

Car tout tourne autour de la conception du personnage de Dussel. Dans les critiques de la première européenne à Göteborg, qui a remporté un énorme succès, j'ai lu à plusieurs reprises que le personnage de Monsieur Dussel n'était pas « sympathique ». J'ai déjà parlé auparavant de ce personnage avec les Hackett, et ils m'ont assuré que Dussel était censé être un original se tenant à l'écart des deux familles, ce qui le fait paraître égocentrique et maniaque, mais pas antipathique. Cela est d'autant plus important à Berlin que Dussel y avait son cabinet, que sa deuxième femme, qui vit aujourd'hui à Amsterdam, est berlinoise et que je souhaite éviter qu'elle soit informée par des connaissances d'une représentation antipathique de son mari. J'espère que vous comprendrez mes préoccupations et ne vous formaliserez pas de mes remarques.

Or, en réalité, le modèle, à savoir la représentation qu'Anne Frank donnait du dentiste Dussel, était tout à fait antipathique, ne serait-ce que parce que dans la cachette, la jeune fille devait partager sa petite chambre avec le monsieur plus âgé, ce qui générait des tensions. C'est sans doute ce qui avait incité les metteurs en scène à en faire un personnage antipathique. Barlog répondit en tout cas quelques jours plus tard à Otto Frank qu'il avait lu la lettre du père à sa troupe.

Je suis persuadé que nous parviendrons à rendre très clairement l'atmosphère pesante et la promiscuité épuisante qui engendre hystérie et tensions chez les personnages de notre pièce.

En ce qui concerne le personnage de Dussel, je peux également vous rassurer, car en donnant le rôle à Friedrich Maurer, l'un de nos acteurs les plus exigeants, tout danger est d'emblée écarté.

Barlog dirigea la petite troupe, avec à sa tête la jeune Johanna von Koczian dans le rôle d'Anne, Walter Franck dans celui d'Otto Frank et les autres membres, pour la plupart des noms connus de l'époque. En tant que metteur en scène, Barlog abordait le travail « avec toute la finesse dont [il était] capable ». La pièce fut créée en Allemagne en octobre 1956 au Schlosspark Theater de Berlin-Ouest, et simultanément à Hambourg ainsi qu'à Constance.

C'était la toute première fois que la persécution de juifs était représentée dans une pièce de théâtre sur les scènes allemandes.

Avec *Le Journal d'Anne Frank*, la persécution des juifs d'Europe faisait son apparition sur les scènes, onze ans après la fin de l'Allemagne nazie, à l'Est encore plus qu'à l'Ouest. Mais bien que la persécution fût mise en scène, la pièce éludait le thème de l'assassinat de masse, tout comme cette tristement célèbre citation du journal, datant du 5 avril 1944 : « Je veux continuer à vivre, même après ma mort. »

Günther Rühle, à qui l'on doit l'histoire la plus complète du théâtre d'après-guerre en Allemagne, qualifia *Le Journal d'Anne Frank* de « West hit », un tube de l'Ouest, parce que la pièce avait fait un détour par New York avant d'arriver sur les scènes européennes. Il la considérait comme du « théâtre documentaire » et la plaçait au même niveau que *Le Substitut* de Rolf Hochhuth et que *L'Instruction* de Peter Weiss. Ce terme est-il cependant vraiment adéquat pour la pièce de Broadway ? Une pièce documentaire ne serait-elle pas beaucoup plus exigeante sur le plan scénique, sur le plan du dialogue, afin précisément de constituer un document ? Dans la version scénique du *Journal,* les éléments d'émotion ne l'emportent-ils pas sur les données de représentation historique, de sorte que les spectateurs se voient présenter le passé immédiat à travers un filtre ?

Le Journal d'Anne Frank était un « West hit » que l'on montait encore plus souvent à l'Est, comme le montre la correspondance d'Otto Frank au même moment avec le Theater der Jungen Generation de Dresde et les théâtres de Rostock et d'Halberstadt. Ces représentations étaient considérées en RDA comme une mission nationale. Les réactions suscitées par les représentations à l'Est et à l'Ouest semblent avoir été semblables.

Le lendemain de la première à Berlin, Otto Frank recevait un télégramme :

« IMMENSE ÉMOTION ET SILENCE DE PLOMB APRÈS LA PREMIÈRE D'HIER. MISSION PLEINEMENT ACCOMPLIE. MERCI ET SALUTATIONS – VOTRE BARLOG ».

« Si vous aviez pu voir le public suivre la représentation en retenant son souffle », explique le directeur quelques jours plus tard dans une lettre, « et quitter le théâtre, bouleversé et en pleurs, dans un silence complet, aussi bien à l'entracte qu'à l'issue de la représentation, sans applaudir, alors vous auriez su que votre parole sur la mission de la pièce était devenue vérité ». Les acteurs eux aussi étaient « profondément émus par leur mission ».

Lors de la plupart des représentations en Allemagne, les spectateurs furent invités à l'avance, dans le programme ou, dans quelques cas isolés, par une annonce sur scène, à ne pas applaudir. En octobre 1956, on pouvait lire à propos de la « brillante clôture des Berliner Festwochen » avec la mise en scène du *Journal* par Barlog que « les esprits étaient si inhabituellement bouleversés qu'à la fin de la représentation, le public était sorti en proie à une émotion muette, ce qui, dans ce cas, signifiait en même temps un immense soutien ». La scène devenait un espace sacré où l'on n'applaudissait pas, ou tout au plus le faisait-on avec gêne. Une directive de la direction du théâtre.

Si l'on ne demandait pas aux spectateurs de s'abstenir d'applaudir, comme à Francfort-sur-le-Main, il y avait des « applaudissements empreints d'une grande émotion » ou, comme à Aix-la-Chapelle, après « des manifestations d'émotion d'abord hésitantes, des applaudissements très nourris » et, deux semaines après la création à Berlin, « un déferlement d'applaudissements et de larmes ».

La presse formidable

« La presse est ici absolument formidable », avait écrit Boleslaw Barlog à Otto Frank après la première. Le critique C. O. Frenzel couvrit la création de la pièce à Berlin et à Hambourg en ces termes :

Le soir même, une foule immense quitta le théâtre en silence, alors qu'était inscrite sur les visages cette angoisse de mort qu'aucun des spectateurs, malgré toute la dureté de ces années de guerre et d'après-guerre écoulées, n'avait vraiment connue à un tel degré d'atrocité, mêlée d'espérance plus encore que de désespoir.

Dans la rue, après la représentation de Munich, les spectateurs eurent de longues discussions sur la mise en scène brillamment orchestrée de cette pièce difficile à maîtriser. « Une expérience théâtrale poignante », pouvait-on lire en octobre 1956 dans le pays de Bade, « Un destin bouleverse le monde », titraient les *Westfälische Nachrichten*, « Émotion autour d'Anne Frank », écrivait la *Westdeutsche Allgemeine Zeitung*.

En effet, toutes les représentations de la pièce avaient trouvé un large écho positif, tant au niveau régional que suprarégional, s'inscrivant dans la continuité des jugements portés déjà quelques années plus tôt sur le *Journal*.

Le Journal d'Anne Frank fit l'objet d'une interprétation existentialiste, il fut généralisé et chacun le rapporta à son propre destin. Il n'y eut pas de « travail d'explication et d'analyse du national-socialisme », objectif que s'était un jour fixé le philosophe Hermann Lübbe. Toutes les revues de presse en font état. D'autre part, nous ne savons rien ou très peu de choses sur l'effet que la lecture du *Journal d'Anne Frank* ou la pièce de théâtre eut sur les individus pris isolément, ni si cet effet, aussi infime et insignifiant qu'il ait été à l'époque, se déploya seulement au début des années 1960 lorsque, grâce au procès Eichmann, l'Allemagne commença à reconnaître, dans la presse et à la télévision, les crimes de son propre passé.

Le chat dressé

Lorsque, le matin du 6 juillet 1942, Anne Frank se mit en route pour sa cachette du Prinsengracht, elle jeta un dernier coup d'œil à l'appartement de Merwedeplein, au sud d'Amsterdam, et raconta deux jours plus tard à son amie imaginaire Kitty :

À sept heures et demie, nous avons refermé à notre tour la porte derrière nous, le seul à qui il me restait à dire adieu, c'était Moortje, mon petit chat, qui allait trouver un bon refuge chez les voisins, ainsi que l'indiquait une petite lettre adressée à M. Goldschmidt. Les lits défaits, les restes du petit-déjeuner sur la table, une livre de viande pour le chat à la cuisine, tout donnait l'impression que nous étions partis précipitamment. Mais nous nous moquions bien des impressions, tout ce que nous voulions, c'était partir, partir et arriver à bon port, et rien d'autre. La suite à demain. Bien à toi, Anne[1].

Le dimanche après-midi, un messager avait transmis la convocation des SS sommant Margot, la sœur d'Anne Frank, de trois ans son aînée, de se rendre à un point de rassemblement. Lorsqu'Anne entendit cela, elle fut terriblement effrayée : « Ça m'a fait un choc terrible, une convocation, tout le monde sait ce que cela veut dire, je voyais déjà le spectre de camps de concentration et de cellules d'isolement[2]... » L'Amsterdam occupée devait être « *judenrein* », la famille s'était préparée à l'éventualité d'un ordre de déportation et avait préparé une cachette dans l'Annexe du comptoir du Prinsengracht au numéro 263, pour sept personnes (la huitième, le dentiste Pfeffer, les rejoignit

1. *Anne Frank – L'Intégrale, op. cit.*
2. *Ibid.*

en novembre 1942). La décision fut donc prise rapidement, leurs protecteurs arrivèrent dès le dimanche soir pour y apporter quelques affaires. L'appartement abandonné devait faire croire que la famille s'était enfuie en Suisse et pas seulement un quartier plus loin. Dans leur roman graphique du *Journal*, Ari Folman et David Polonsky[1] font lécher au chat le lait renversé sur la table. À côté se trouve la lettre pour le voisin, M. Goldschmidt. Le lundi matin, la famille Frank est partie, Margot l'a précédée à vélo avec Miep Gies, la courageuse protectrice :

Nous marchions sous la pluie battante, papa, maman et moi, chacun portant un cartable et un sac à provisions, bourrés jusqu'à ras bord d'objets les plus hétéroclites. Les ouvriers qui allaient au travail à cette heure matinale nous lançaient des regards de pitié, sur leurs visages se lisait clairement leur regret de ne pouvoir nous proposer aucune sorte de véhicule, le jaune éclatant de l'étoile en disait assez long[2].

Ce lundi matin-là, l'heure était venue pour Anne de dire au revoir à Moortje, dont le pelage noir rappelait la lande (*moor*). Le chat partageait la vie de la jeune fille depuis un certain temps déjà et était présent depuis le début dans ses écrits. Lorsque, quelques semaines plus tôt, le matin de ses treize ans, Anne reçoit en cadeau l'album qui deviendra son journal intime, Moortje l'accueille en faisant des culbutes. Et lorsque Anne est obligée de laisser son chat sur la Merwedeplein, il continue d'accompagner la jeune fille dans ses pensées et ses souvenirs. Le 12 mars 1943, Anne décrit à Kitty les deux nouveaux chats présents dans le bureau. Ils lui rappellent Moortje :

Tu ne connais pas encore Moffi, pourtant il était déjà dans l'affaire avant que nous nous cachions. Son domaine est l'entrepôt et le bureau, et sa fonction est d'éloigner les rats de nos stocks. Le choix

1. Paris, Calmann-Lévy, 2017.
2. Lettre du 9 juillet 1942, *ibid.*

politique de son nom est lui aussi facile à expliquer. Pendant un moment, la maison Gies & Co avait deux chats, un pour l'entrepôt et un pour le grenier. Il arrivait que les deux bêtes se rencontrent, ce qui entraînait toujours de grandes batailles. Celle de l'entrepôt était toujours l'attaquant, mais celle du grenier finissait toujours par avoir le dessus. Comme en politique : le chat de l'entrepôt était l'Allemand et on l'avait surnommé Moffi et celui du grenier, l'Anglais ou Tommi. Par la suite, on s'est débarrassés de Tommi, et Moffi nous fait tous bien rire quand nous allons en bas.

Lorsque Peter van Pels emménagea dans la cachette avec ses parents une semaine plus tard, ces derniers lui permirent ce à quoi Anne avait dû renoncer : il put emmener son chat Mouschi avec lui.

Une scène clé du 24 janvier 1944 fait également partie de l'univers félin du *Journal d'Anne Frank*, lorsque le jeune Peter, en pleine puberté, retourne le chat sur le dos et montre à l'adolescente de quatorze ans le bas-ventre de l'animal qui indique que Moffi est un mâle :

Tout autre garçon qui m'aurait montré « les parties sexuelles mâles », je ne lui aurais plus lancé un seul regard. Mais Peter avait continué de parler avec un tel naturel de ce sujet autrement si pénible, avait évité le moindre sous-entendu déplaisant et à la fin m'avait tellement tranquillisée que j'avais fini par trouver cela naturel, moi aussi. Nous avons joué avec Moffi, nous sommes bien amusés, avons bavardé ensemble et finalement, nous sommes dirigés sans hâte vers la porte, traversant le grand entrepôt.

Dans le *Journal*, les chats sont associés à la légèreté, à la gaieté, à l'humour, au rire d'Anne Frank que provoquent chez elle Moortje, Moffi, Tommy ou Mouschi. Le 10 mai 1944, Mouschi s'accroupit à côté de sa litière dans le grenier et fait ses besoins, qui dégoulinent sur les clandestins à l'étage inférieur. Peter tente d'intervenir rapidement et monte à l'étage. « Il s'est ensuivi un beau tapage et Mouschi, ayant entre-temps fini de pisser, a dévalé l'escalier. » En bas s'étend une flaque :

J'étais pliée en deux, la scène était trop drôle, il faut dire, Mouschi tapi sous une chaise, Peter qui s'activait avec eau, chlorure de chaux et serpillière et van Daan qui calmait les esprits. Le malheur a été bien vite réparé, mais, c'est un fait connu, le pipi de chat pue affreusement. Les pommes de terre le prouvaient hier à l'évidence, ainsi que les résidus de bois que papa a descendus dans un seau pour les brûler.

La mise en scène de Goodrich et Hackett au Cort Theatre de New York fit apparaître le chat sur scène et fut dorénavant la référence pour toutes les mises en scène ultérieures – même pour les Kammerspiele de Munich. C'est justement de cette ville qu'Otto Frank reçut une lettre en novembre 1956, après que la maison d'édition S. Fischer eut demandé que « la scène avec le chat dans *Le Journal d'Anne Frank* fût maintenue, conformément à l'original » :

Nous avons alors demandé une nouvelle fois à l'association locale de protection des animaux l'autorisation d'utiliser un chat dressé pour cette pièce. Comme nous disposons maintenant d'un tel chat et que la SPA a de ce fait donné son accord, la scène de la version originale a bien entendu été maintenue.

Les Kammerspiele de Munich avaient déjà fait auparavant l'objet de reproches. La *Süddeutsche Zeitung* et la *Frankfurter Allgemeine Zeitung*, déjà rarement du même avis à l'époque, avaient critiqué les modifications apportées à l'original lors de la représentation munichoise. Elles ne concernaient toutefois pas le chat, mais l'insertion de chansons national-socialistes pendant la représentation, afin de restituer acoustiquement le contexte, la période des persécutions et l'époque nazie dans son ensemble. La direction du théâtre s'efforça d'apaiser les tensions grâce à des lettres adressées à la maison d'édition théâtrale à Francfort ainsi qu'à Otto Frank, et assura qu'on n'avait inséré des chants de marche militaire qu'en deux endroits et seulement de façon incomplète.

Puis le chat s'en mêla. En effet, il n'avait pas dit son dernier mot après que les Munichois l'avaient banni de la scène et remplacé par un tout autre animal. Ce qu'ils n'auraient vraiment pas dû faire. Car en décembre 1956, la maison d'édition théâtrale S. Fischer rapportait à Otto Frank :

À Munich, on a d'ailleurs immédiatement obéi à notre ordre de remplacer la tortue par un chat. Le pauvre chat vivant a néanmoins fortement perturbé deux actes de la représentation, et l'on a décidé de ce fait d'avoir recours à un chat empaillé ; toutes les difficultés sont ainsi aplanies.

L'année suivante, la pièce faisait le tour du monde : elle fut représentée au Brésil, au Danemark, en France, en Italie, en Pologne, au Portugal, en Roumanie, en Afrique du Sud, en Tchécoslovaquie, en Espagne, en Suède et en Hongrie. Ce qui est étrange, c'est que cette pièce qui, depuis Broadway, avait bouleversé le monde entier, cette pièce qui avait été si souvent vue, si intensément commentée et si largement recommandée en Allemagne et partout ailleurs, ne fut plus guère montée au bout de quelques années.

« Anne Frank in America »

En octobre 1955, une jeune femme se rend au Cort Theatre, qui affiche complet. C'est Philip Roth qui l'y a envoyée. « Notre doute est notre passion, et notre passion est notre tâche. Le reste est la folie de l'art. » Les phrases d'Henry James[1] sur la folie dans l'art sont le credo du célèbre auteur américain Philip Roth. À la

1. *La Seconde Chance*, 1893 ; Paris, Allia, 2012.

fin de 1978, il se bat pendant deux mois avec la matière de son nouveau roman, *L'Écrivain des ombres*[1], mais surtout avec un personnage de ce roman : Amy Bellette.

Elle vit chez le célèbre auteur E. I. Lonoff et sa femme à Stockbridge, un coin reculé du Massachusetts, d'où elle part un matin pour New York afin d'assister à une représentation en matinée du *Journal d'Anne Frank*. Il ne doit s'agir que d'une brève sortie au théâtre. Elle veut être de retour le soir chez ses amis à Stockbridge, où elle est hébergée depuis longtemps et où elle se sent chez elle. Le lendemain matin, Amy, bouleversée, appelle Lonoff en sanglotant et raconte à celui qui est une figure paternelle pour elle que la veille, elle n'a pas supporté de voir les autres spectatrices en pleurs dans leur manteau de fourrure. Elle a pris une chambre d'hôtel après la représentation afin de se remettre de cette expérience théâtrale. Lonoff se rend immédiatement à New York et y apprend toute la vérité : Amy Bellette *est* Anne Frank. Elle a survécu.

Dans le roman de Roth, les SS avaient regroupé une douzaine d'enfants mourants dans le camp de concentration et les avaient cachés sous des couvertures de laine afin de tromper les Alliés qui approchaient sur l'ampleur réelle de leur inhumanité. Peu après, les troupes britanniques avaient libéré le camp, dont les images horribles firent le tour du monde. Les enfants qui avaient survécu à l'horreur furent transférés par les Britanniques dans un hôpital militaire mobile. Les infirmières appelèrent Anne « Petite Beauté ». C'est ainsi que naquit Amy Bellette. L'adolescente se donna un nouveau prénom emprunté à un livre américain pour enfants qui l'avait émue aux larmes, et s'inspira pour son nom de famille du surnom affectueux qu'on lui avait donné. Elle apprit par hasard que son père avait eu la vie sauve en lisant un article du magazine *Time* sur le *Journal* et son adaptation au théâtre, où figurait une photo du commerçant de soixante ans

1. Traduit de l'anglais par Henri Robillot, Paris, Gallimard, « Du monde entier », 1981. Toutes les citations jusqu'à la fin du chapitre sont extraites de cet ouvrage.

qui avait quitté Amsterdam pour la Suisse. Philip Roth évoque avec une minutie extrême tout ce qui a trait à Anne Frank, à sa vie et à sa mort.

Après avoir vécu trois ans dans des familles d'accueil en Angleterre, Amy avait émigré aux États-Unis, seule au monde, sans père ni mère. « Après Belsen, elle pensait qu'il valait micux mettre un océan aux dimensions de l'Atlantique entre elle-même et ce qu'elle avait tant besoin d'oublier. » C'était l'histoire de la vie, de la survie à peine croyable d'Anne la morte.

Puis venait la partie de son histoire qui devait paraître invraisemblable à Lonoff. Elle-même ne pouvait cependant pas trouver si étrange qu'on la croie morte alors qu'en réalité elle était vivante ; celui qui avait vécu le chaos de ces derniers mois n'aurait jamais dit que c'était invraisemblable. Ceux qui prétendaient avoir vu son corps à Bergen-Belsen l'avaient soit confondue avec sa sœur aînée Margot, soit supposée morte après l'avoir vue si longtemps dans le coma ou l'avoir vue emportée dans une charrette par les kapos.

Un jour, l'Américaine Amy – Anne – reçut des exemplaires de l'édition originale de son propre journal. Peu à peu, l'héroïne de Philip Roth raconte son histoire, les conditions de vie des clandestins dans l'Annexe, les espoirs après l'invasion alliée en Normandie, le désespoir, l'importance de Kitty, l'image qu'Anne Frank a d'elle-même en tant qu'autrice.

Philip Roth, né en 1933 à Newark, se sentait le contemporain d'Anne Frank, il s'intéressa des années durant à son *Journal* et à son histoire, dont le roman *L'Écrivain des ombres* retrace si minutieusement les étapes. Philip Roth voyait en cette jeune fille une sorte de sainte juive. Est-ce de l'ironie de la part de Philip Roth ? De l'autodérision ? Ou est-il parfaitement sérieux ? Son roman ne livre aucune réponse. La véritable obsession du romancier consistait à faire survivre Anne Frank, ce qui lui permettait, ainsi qu'à ses lecteurs et lectrices, de réfléchir sur la mort de cette dernière.

La famille Frank n'était pas une famille juive pieuse, comme Roth le fait remarquer par son narrateur à la première personne. Les Frank chantaient de temps en temps un chant de Hanoukka, allumaient des bougies et récitaient une prière en hébreu pour les fêtes. Ils ne se distinguaient guère de leurs contemporains, de ceux qui lurent le *Journal* ou le virent sur scène. C'est selon Roth ce qui conféra justement au *Journal d'Anne Frank* la force de faire du cauchemar une réalité perceptible pour tous les lecteurs :

Espérer que le vaste monde indifférent pût se soucier de l'enfant d'un père pieux et barbu, vivant sous la férule des rabbins et des rites, était pure folie. Aux yeux de l'être ordinaire médiocrement doué pour tolérer, ne fût-ce que la plus infime des différences, la situation de cette famille ne signifierait rien.

En d'autres termes, le succès du *Journal* repose en grande partie sur le fait que la famille juive ne semble pas si juive que cela. Philip Roth reprend ainsi sous une forme différente la perspective de Meyer Levin. La postérité a trop volontiers et trop facilement ignoré le fait que les clandestins de l'Annexe furent ostracisés, persécutés et finalement tous tués, à l'exception d'Otto Frank, parce qu'ils étaient juifs.

Si l'on apprenait que le livre d'Anne Frank était l'œuvre d'une écrivaine encore en vie, elle ne serait rien d'autre que ce qu'elle était : le journal intime d'une adolescente sur les années difficiles et malheureuses passées dans la clandestinité pendant l'occupation des Pays-Bas par les Allemands, quelque chose que les garçons et les filles pourraient lire la nuit dans leur lit, au même titre que les aventures de la famille suisse Robinson. Morte, elle avait cependant quelque chose de plus à offrir qu'un divertissement pour les jeunes de dix à quinze ans ; morte, elle avait écrit, sans le vouloir ni en avoir le projet, un livre qui avait le pouvoir d'ouvrir enfin les yeux des gens.

Philip Roth fait s'interroger son héroïne Amy : Qu'arrivera-t-il ensuite ? Que se passera-t-il une fois que les gens auront enfin vu clair ? « La seule réponse réaliste était : Rien. »

Sans cesse, Amy est prise de l'envie irrépressible d'appeler son père et de lui dire enfin, au bout de tant d'années, qu'elle est vivante. « Mais elle était jeune et robuste et vivant une grande aventure, et elle n'avait rien fait pour le prévenir – lui ou quiconque – qu'elle était encore en vie ; et puis un jour, ç'avait été trop tard. » Des cohortes de gens affluaient vers le Prinsengracht pour visiter la cachette secrète ; l'Annexe était désormais « un sanctuaire sacré, un mur des Lamentations ». Et Amy en tire la conclusion suivante : « Il était trop tard pour vivre maintenant. J'étais une sainte. »

C'est en ces termes qu'Amy – Anne – se confesse dans *L'Écrivain des ombres*. À moins que ces paroles ne lui aient été inspirées par Lonoff, l'auteur qui en 1955 avait tant de succès ? Ou par Nathan Zuckerman, le jeune écrivain plein d'espoir qui, en décembre de cette même année, se rend chez son idole Lonoff et qui, dans la chambre d'amis, est le témoin involontaire et concupiscent de la liaison, peut-être même de la passion qui lie Amy à Lonoff ? Ou l'influence décisive est-elle celle du Dr Boyce, le psychiatre que consulte Lonoff ? Et quelle est la part du professeur de l'université de Boston auprès duquel Amy prend des cours d'écriture créative ?

Chez Philip Roth, ces questions restent ouvertes. La précision historique côtoie l'imagination, le sacré va de pair avec l'impie, l'amour avec la haine, la passion avec l'indifférence. Les choses doivent aller ainsi et pas autrement.

Amy/Anne l'impie aime l'auteur Lonoff, qui a à peu près l'âge de son père qu'elle brûle de revoir, mais à qui elle ne téléphone pas en Europe pour lui dire qu'elle est vivante. Et elle appelle son amant Manny ou Dad-da :

Bien sûr, j'aime Dad-da en toi, comment le contraire serait-il possible ? Et si tu aimes l'enfant en moi, pourquoi pas ? Il n'y a rien d'étrange à cela – la moitié du monde est dans ce cas-là. L'amour doit bien commencer quelque part et c'est là qu'il commence pour nous. Quant à celle que je suis – eh bien, conclut Amy d'une voix douce et persuasive, comme il en avait rarement entendue, « il faut bien être quelqu'un, n'est-ce pas ? Il n'y a pas d'autre solution ».

À la fin, Amy devient Anne Frank par amour pour son auteur. Et l'Amy Bellette du Massachusetts apporte au monde quelque chose qui ne correspond absolument pas aux images habituelles de la jeune fille d'Amsterdam : elle éprouve de la haine pour ses millions de lecteurs et lectrices. Elle réclame vengeance pour sa vie détruite.

À la fin du roman, Nathan Zuckerman jette un regard en coin sur l'avant-bras d'Anne, sur lequel, comme elle l'avait indiqué, elle avait fait transformer en cicatrice le numéro tatoué au camp de concentration. Or la peau ne présente aucune cicatrice. Et le roman se termine par une scène échevelée : Hope, l'épouse trompée, quitte la maison de Stockbridge, folle de rage, pour laisser le champ libre à Amy. Lonoff tente de la retenir.

Cette sortie furieuse fait entrer Anne Frank dans la littérature mondiale. Lorsque Philip Roth écrivit son roman à la fin des années 1970, la pièce de théâtre des Hackett n'était plus jouée. Anne Frank à Broadway, c'était de l'histoire ancienne, l'histoire d'un incroyable succès. C'est peut-être justement ce qui poussa Philip Roth à faire survivre Anne Frank, à la faire vivre tout court, afin de mettre l'accent sur la postérité de la défunte Anne Frank, afin de nous prendre aussi en considération, nous autres, ses lecteurs et lectrices, et les spectateurs du théâtre. Comme aucun autre auteur, Philip Roth s'est octroyé la liberté de laisser vivre Anne Frank et de lui donner la parole.

« En guise d'introduction »

Prix de la Paix

Le dimanche 27 septembre 1953, à l'issue de la Foire du livre de Francfort, les représentants de l'État et acteurs principaux de la société, avec à leur tête le président Heuss, se réunirent avec les libraires et les éditeurs pour décerner à Martin Buber le prix de la Paix des libraires allemands. Depuis 1950, cette distinction était décernée pour honorer une personnalité qui, par son activité littéraire, scientifique ou artistique, a servi de manière significative la diffusion d'idées pacifistes. Le prix de la Paix avait été créé par une profession qui, pendant plus de douze ans, s'était mise de manière particulièrement perfide au service du national-socialisme. Il s'agissait d'éditeurs et de libraires à la solde d'Hitler, ainsi que de bibliothèques, qui avaient contribué à la saignée à blanc de l'Allemagne intellectuelle à partir de 1933 et qui voulaient désormais donner un signe de réconciliation et d'entente à l'échelle nationale et internationale, mais aussi sortir la littérature allemande rabougrie et marginalisée de l'isolement dont elle s'était elle-même rendue responsable. Aucune autre institution culturelle en Allemagne n'a créé une telle continuité au fil des décennies que ce prix.

Mais aucune remise de prix ne fut aussi controversée et source d'autant de tensions que celle de Martin Buber. Il fut le premier citoyen israélien à accepter le prix. Dans le jeune État juif, il y eut alors une déferlante d'indignation à l'idée que Martin Buber, avec toute son autorité d'érudit et d'écrivain de par le monde, pût accepter ce prix allemand, tout comme il avait accepté deux ans auparavant le prix Goethe de la ville de Hambourg. L'opposition aux négociations avec l'État ouest-allemand était grande en Israël, des manifestations furieuses avaient lieu à Jérusalem et à Tel Aviv. Et pourtant, Martin Buber, âgé de soixante-quinze ans, se mit en route avec sa femme Paula pour l'Allemagne, qu'il avait quittée en 1938, ce qui était relativement tard. D'un point de vue diplomatique, la destination de ce voyage était pour Israël un no man's land. Il n'y avait pas de représentation officielle de cet État en Allemagne, et le passeport israélien n'était valable ni en République fédérale d'Allemagne ni en RDA.

Martin Buber évoqua cette contradiction dès le début de son discours de remerciement à Francfort :

Il y a une dizaine d'années, un nombre considérable d'Allemands – ils devaient être plusieurs milliers – assassinèrent des millions de mes concitoyens et coreligionnaires sur l'ordre indirect du gouvernement du Reich allemand, sur l'ordre direct de ses mandataires, dans le cadre d'une procédure préparée et exécutée de façon systématique, dont la cruauté organisée est telle qu'aucun événement historique antérieur ne peut lui être comparé. Moi, l'un des juifs restés en vie, ne partage qu'en apparence la dimension de l'existence humaine avec ceux qui ont participé à cet acte en quelque fonction que ce soit ; ils se sont soustraits du domaine de l'humanité dans une dimension telle, vers une sphère d'inhumanité si monstrueuse, inaccessible à ma capacité d'imagination, que même un sentiment de haine, et encore moins un sentiment réprimé de haine, n'a pu naître en moi. Et que suis-je pour avoir l'outrecuidance de « pardonner » ici ?

Sans doute pour la première fois depuis 1945, l'un des « juifs restés en vie » s'adressait directement au peuple allemand dans son ensemble et surtout à titre officiel. Il établit des différences :

Quand je pense au peuple allemand des jours d'Auschwitz et de Treblinka, je vois d'abord tous ceux, très nombreux, qui savaient que le monstrueux était en train de se produire et qui ne se révoltèrent pas ; mais mon cœur, qui connaît la faiblesse de l'homme, refuse de condamner mon prochain parce qu'il n'a pas eu la force nécessaire pour devenir martyr. Ensuite surgit en moi, surgit devant moi la foule de tous ceux qui ignorèrent ce que l'on dissimulait au public allemand, mais qui ne firent rien non plus pour savoir quelle réalité correspondait aux rumeurs qui circulaient ; quand j'ai cette foule à l'esprit, s'impose à moi l'idée de la peur qu'éprouve la créature humaine, et que je connais bien aussi, la peur d'une vérité à laquelle elle craint de ne pouvoir résister. Mais enfin apparaissent ceux dont le visage, l'attitude et la voix me sont devenus familiers, tels des amis, sur la base de témoignages fiables, ceux qui refusèrent d'exécuter l'ordre ou de le transmettre et qui subirent la mort ou se la donnèrent... Je vois ces hommes tout près de moi, dans cette intimité particulière qui nous lie parfois aux morts, et à eux seuls ; et alors règnent dans mon cœur le respect et l'amour pour ces Allemands-là.

De telles paroles firent certainement du bien à un public dans lequel tous les groupes mentionnés étaient représentés en ce dernier dimanche de septembre 1953 : les exécutants volontaires d'Hitler, auxquels Buber ne voulait plus s'adresser, ceux qui savaient et ceux qui ne voulaient pas savoir, et enfin, ceux qui avaient résisté. Une résistante était justement assise dans l'assistance : Elisabeth Goes, l'épouse de l'auteur du discours de remise du prix, Albrecht Goes, un pasteur originaire du Wurtemberg. Alors que son mari avait été enrôlé comme aumônier militaire, elle avait donné refuge dans leur presbytère en pays souabe à des juifs se faisant passer pour des évacués venus de Berlin. Mais en 1953, on ne parlait pas encore de tout cela ; c'est seulement en 1991 à Yad Vashem qu'hommage fut rendu à Elisabeth Goes en tant que Juste parmi les Nations.

En ce dimanche matin, Anne Frank était quelque part elle aussi présente à Francfort, d'une manière secrète et tout à fait particulière. Martin Buber et elle avaient en effet le même éditeur allemand, Lambert Schneider, et il était question du dialogue entre juifs et Allemands que Martin Buber avait entamé, de la force du livre qui favorise le dialogue, du débat politique sur la culpabilité des Allemands et leur responsabilité dans le nazisme.

En acceptant les deux prix au début des années 1950 – le prix Goethe et le prix de la Paix – Martin Buber voulait donner un signal. Des décennies plus tard, ce même prix Goethe de la ville de Hambourg dut être supprimé car son fondateur, le céréalier hambourgeois Alfred Toepfer, que Buber avait rencontré en 1951 lors de la remise solennelle dans la ville hanséatique, était si profondément impliqué dans le national-socialisme que d'autres refusèrent le prix et que la fondation que Toepfer avait créée ne fut plus en mesure de le décerner. Buber ne vécut pas la suppression du prix.

La Flamme du sacrifice[1]

Comme aucune autre épouse d'écrivain de l'après-guerre – ni d'ailleurs à l'inverse comme aucun mari d'écrivaine –, Elisabeth Goes avait influencé, voire déterminé l'œuvre de son mari. En 1954, un an après la remise du prix de Francfort, Albrecht Goes publia aux éditions S. Fischer son roman *La Flamme du sacrifice*, l'histoire de Margarete Walker, une bouchère du sud de l'Allemagne, à laquelle les autorités national-socialistes imposent de distribuer chaque vendredi, entre 17 et 19 heures, aux juifs de la localité, leur maigre ration de viande. Elle devient la *Judenmetzig*, la bouchère des juifs, et voit se répandre autour d'elle terreur, persécution et privation de droits. Elle observe en spectatrice attentive et compatissante les juifs prier pour le shabbat dans leur magasin, leur dernier refuge :

1. Traduit de l'allemand par Pierre Bertaux, Paris, Albin Michel, 1957.

Je vous l'ai dit, je ne savais pratiquement pas ce que c'était que les Juifs. La première fois, c'est ce vendredi soir, quand j'ai vu toute cette misère étalée devant moi. Et j'ai compris de quel côté il fallait être, j'ai compris ce qu'on devait faire. Je veux dire : ce qu'on aurait dû faire, ce qu'il aurait fallu faire. Cela, je l'ai vite compris. Mais ce qu'on aurait dû faire, nous ne l'avons pas tous fait. Dans le meilleur des cas, c'était comme si on jetait un verre d'eau dans un brasier.

Margarete Walker se débat avec elle-même, apprend le sort de Sabine Berendson, sa sous-locataire « demi-juive » dans l'immeuble. Elle écrit une longue lettre sur la vie des autres :

Voilà comment va le monde. C'est cela, le pouvoir et sa monstrueuse grimace ; voilà le sort des êtres broyés par le destin comme dans un hachoir ; voilà l'infime et la merveilleuse possibilité qui reste pourtant au fond de l'homme. Qu'y peut-on faire ? On peut remettre à quelqu'un un paquet emballé dans un certain papier porteur d'un message. On peut offrir un morceau de gâteau à deux petits enfants. On peut même accepter la voiture d'enfant qu'on vous offre au dernier instant. Voilà ce qu'on peut faire. Mais pour ceux dont l'esprit s'est libéré il n'est pas d'allée triomphale aussi resplendissante, pas d'illumination aussi éclatante que l'est la lueur filtrant à travers la porte entrebâillée de la boucherie aux Juifs, avec son étalage garni de cubes de bouillon, cette boucherie qui n'avait guère à offrir à ses clients qu'une maigre portion de viande tendineuse, avec os.

Lorsque la maison et la boucherie partent en fumée lors d'un bombardement, Margarete veut intuitivement faire un geste contre l'injustice en restant dans la maison en feu. Elle est sauvée et une brûlure sur son visage rappelle désormais l'histoire de sa vie.

Albrecht Goes est l'un des premiers auteurs de la littérature allemande d'après-guerre – si ce n'est le premier – à avoir fait de la persécution et de l'assassinat des juifs en Allemagne le thème de son œuvre et à avoir déjà annoncé avec son titre, *La Flamme du sacrifice*, ce qui allait devenir par la suite son nom : l'Holocauste. C'est sans doute la singularité de ce livre qui incita la maison d'édition de Goes à lui commander, à la même époque, une préface pour *Le Journal d'Anne Frank*, qui commence ainsi :

Nous rencontrons la jeune Anne Frank ici et là dans notre vie – pas trop souvent, car le degré d'intelligence, de réflexion, de profondeur des sentiments et de précocité qui se manifeste dans ses notes est tout à fait inhabituel –, mais l'acuité froide de l'observation des hommes et la détermination à préserver son humour, même dans les pires moments, nous les connaissons bien : elles font partie de la carapace de vie de notre génération.

Mais est-ce vraiment le cas ? Après tout, Albrecht Goes, né en 1908, a vingt et un ans de plus et fait presque partie de la génération des pères qui ont vécu la Seconde Guerre mondiale de près et de manière concrète. Anne Frank était, de son propre point de vue, une jeune autrice néerlandaise. Alors que signifie « notre génération » pour Albrecht Goes ? Anne Frank n'est-elle pas justement une voix exceptionnelle, si on la compare à des voix de son âge ou plus âgées ? N'est-ce pas ce qui fait la valeur de son journal ? La valeur cognitive de cette préface est en tout cas mince et décevante si l'on prend comme référence l'œuvre romanesque de l'auteur. La censure de la RDA refusa de publier la préface, en raison d'une continuité historique évoquée par Albrecht Goes à la fin. En effet, ce qu'il écrit équivaut à relativiser le national-socialisme. Mais en même temps, il trace un chemin vers Elisabeth Goes, son épouse courageuse :

Il est nécessaire de faire entendre cette voix dans le monde de 1955, qui ne cesse d'être un monde de camps de concentration et de persécutions. Et il faut toujours être reconnaissant aux deux Hollandais qui, dans le salon perquisitionné par la Gestapo, ont récupéré et mis en sûreté, parmi les revues et les journaux, ce journal intime d'enfant, ce livre qui, sans aucun faux ingrédient, dit toute la vérité, rien que la vérité.

Le couple Goes put suivre pendant des décennies les discussions sur le *Journal* ainsi que sur l'interprétation et les notions de *La Flamme du sacrifice* : Albrecht Goes mourut à quatre-vingt-douze ans en février 2000 à Stuttgart et Elisabeth Goes à quatre-vingt-seize ans en 2007 dans le nord de l'Allemagne. Mais la maison d'édition Fischer aurait été mieux inspirée en demandant à Elisabeth Goes de rédiger une préface. Elle aurait pu parler des années 1942 à 1944, lorsqu'elle hébergea des juifs persécutés dans un presbytère du sud de l'Allemagne.

Nations unies

« C'est le livre remarquable d'une jeune fille. Et la jeunesse ne craint pas de dire la vérité. Ce livre est l'un des commentaires les plus sages et les plus bouleversants que j'ai jamais lu sur la guerre et ses effets sur les êtres humains[1] », écrit Eleanor Roosevelt dans sa préface à l'édition américaine du *Journal* au printemps 1952. Pourtant, l'édition pour laquelle Otto Frank lutta dès 1947 ne fut pas facile à réaliser. Il essuya des refus de la part de maisons d'édition, qui lui répondirent parfois très clairement que l'Europe était loin et que les Américains ne s'intéressaient plus à la Seconde Guerre mondiale. C'est donc tout naturellement que la maison d'édition américaine Doubleday et Otto Frank se mirent en quête d'une célébrité américaine pour porter le livre. Ils choisirent l'épouse du président Franklin D. Roosevelt, née en 1884 à New York. Elle fut première dame des États-Unis à partir de 1933 et jusqu'à la mort de son mari en 1945, elle marqua cette fonction non officielle de son empreinte toute

1. Cité par Marie Périer *in* « *Le Journal d'Anne Frank* fête son 63e anniversaire », *Le Figaro*, 30 avril 2015.

personnelle. Elle donna des conférences de presse hebdomadaires à la Maison-Blanche, auxquelles seules des femmes journalistes étaient invitées, et lança des initiatives sociales visant à améliorer les conditions de vie et de travail des personnes afro-américaines. En décembre 1945, elle fut nommée déléguée des États-Unis aux Nations unies et travailla, au sein de la Commission des droits de l'Homme des Nations unies, à l'élaboration de la Déclaration universelle des droits de l'Homme, adoptée par l'Assemblée générale en 1948. Eleanor Roosevelt soutint la création d'Israël et s'y rendit pour la première fois en 1952. Elle s'opposa sans hésiter aux tracasseries de l'ère McCarthy. Ouverte et libre d'esprit, elle entretint pendant des années, comme nous le pensons aujourd'hui, une relation amoureuse avec une journaliste américaine. Son nom était synonyme de progrès social, d'esprit des Lumières et d'humanisme.

Eleanor Roosevelt rédigea pour *Le Journal d'Anne Frank* une préface qui tenait sur une page. Elle ne contient guère plus que les phrases déjà citées ainsi qu'une conclusion, brillante mais lapidaire :

Ce sont les pensées et l'expression d'une jeune fille vivant dans des circonstances extraordinaires. C'est pourquoi son journal nous en dit beaucoup plus sur nous-mêmes et sur nos propres enfants. Et c'est pour cette raison que j'ai ressenti à quel point nous sommes tous proches de l'expérience d'Anne, à quel point nous sommes touchés dans le monde entier par sa courte vie.

Le journal d'Anne est un monument approprié à la finesse de son esprit et à l'esprit de ceux qui ont travaillé et travaillent encore pour la paix. Sa lecture est une expérience riche et enrichissante.

Bien des années plus tard, Barbara Zimmerman, l'éditrice américaine du *Journal*, avoua que c'était elle qui avait rédigé la préface. Mme Roosevelt aurait été trop occupée.

Le contemporain

En 1997, la tâche d'écrire une préface au *Journal* pour l'édition de poche de Penguin incomba à Elie Wiesel qui, en tant qu'écrivain, était devenu malgré lui le représentant des juifs qui ont survécu à la Shoah. Il apporta un éclairage très différent de celui d'Eleanor Roosevelt près d'un demi-siècle plus tôt, et demanda d'emblée si la vie d'Anne Frank était le symbole d'une génération blessée, d'une « race sacrifiée » :

Comment pouvons-nous expliquer l'influence continue de son journal à parts égales sur les lecteurs juifs et non juifs ? Est-ce l'âge de l'autrice qui nous touche autant ? Son innocence peut-être ? D'autres jeunes gens et jeunes filles, ses contemporains, ont décrit ce qu'ils ont vu et vécu dans les ghettos de Pologne et de Tchécoslovaquie. Seul son récit a saisi et conquis le cœur et l'imagination d'un public plus large.

Parmi les jeunes contemporains d'Anne, on trouve Elie Wiesel lui-même, de seulement un an son aîné, qui, dans tous ses livres, témoigne de la persécution et souhaite s'exprimer sous des formes toujours nouvelles. Au fil des années, le lauréat du prix Nobel de la paix devint le visage de la mémoire de la Shoah. Il aura sans doute éprouvé une proximité toute particulière avec Anne Frank. L'Annexe lui apparaissait être un « ghetto » dans lequel elle et les sept autres avaient été « incarcérés et mis à l'isolement » pendant plus de deux ans. Ce lieu aurait selon lui déterminé de façon primordiale leur évolution et leurs transformations – et nous pouvons ajouter : l'évolution et les transformations d'Elie Wiesel lui aussi qui, durant sa longue vie, porta avec lui l'expérience du ghetto et de la persécution. Il n'en dit pas un mot dans sa préface et pose néanmoins, en tant que contemporain d'Anne Frank, les questions décisives – sans y donner de réponses. Sauf une, à la fin : « Un livre ? Une blessure. »

La leçon

Précision et distance, perspicacité et sentimentalité caractérisent la préface du *Journal d'Anne Frank* de l'auteur français Éric-Emmanuel Schmitt, publiée en 2013 par Le Livre de Poche[1]. Il répond de manière concise à la question d'Elie Wiesel sur la survie d'Anne Frank à travers son *Journal* : précisément parce qu'il s'agit d'un *livre* et pas seulement d'un *document*. Il renvoie au caractère littéraire du texte, ce qui, dans le feu de l'analyse historique, est souvent négligé.

Généralement, quand on commence un livre, on sait comment il finit. Or le terme de son récit vient de l'extérieur : le 4 août 1944, on arrête les habitants de l'Annexe pour les déporter. Le texte n'est pas terminé, il est interrompu...

« L'élan brisé », selon les termes de Schmitt, appelle un commentaire et un prolongement. Il nous fait partager les mêmes réflexions et les mêmes sentiments. Cela en fait pour Schmitt une « arme universelle contre la barbarie », qui consiste à croire que certains êtres vivants ont plus de valeur que d'autres.

Nous avons besoin d'Anne pour ne pas désespérer de l'être humain. Cette jeune fille nous donne une leçon : alors que, enfant puis adolescente, elle découvre la vie dans des conditions atroces, elle l'aime, la vie, elle l'aime passionnément !

C'est à Schmitt que nous devons l'importante prise de conscience de la double nature du *Journal d'Anne Frank* : « Il est rare qu'un texte littéraire soit un document. Tout autant qu'il est rare qu'un document soit un texte littéraire. » C'est aussi cette double nature qui aurait selon lui mobilisé les révisionnistes, notamment en France. La seconde leçon de l'auteur,

1. © Librairie Générale Française, 2013, pour la préface d'Éric-Emmanuel Schmitt.

devenu célèbre avec un livre sur le Coran, est qu'un racisme vient rarement seul et qu'il en cache souvent d'autres. La leçon française n'est pas seulement l'enseignement qui est donné, mais l'enseignement qui se perpétue.

Des nations séparées

Les préfaces ont en général un caractère national : En Italie, on lit *Le Journal d'Anne Frank* autrement qu'en Norvège ou qu'au Danemark, au Luxembourg, en Belgique, en Roumanie, en Russie ou en Hongrie. L'édition anglaise du *Journal* a été dotée d'une autre préface que l'édition américaine, publiée pourtant presque simultanément. Les préfaces reflètent toujours les situations historiques particulières et les expériences différentes, comme le racisme évoqué par Éric-Emmanuel Schmitt. Pour l'édition italienne, Donella Giacotti Piccioli rappelle d'abord aux lecteurs italiens l'expérience de Primo Levi ; Natalia Ginzburg évoque dans une seconde préface le monde reclus des clandestins d'Amsterdam ; Ferruccio de Bortoli enfin, pour son édition chez Einaudi en 2015, inscrit l'histoire du *Journal* dans celle de la Shoah en général. Trois préfaces différentes dans un seul pays.

Les éditions flamandes sont accompagnées de préfaces des ministres de l'Éducation et du Travail, tandis qu'au Danemark, Gretelise Holm se souvient dans sa préface de 2006 de sa lecture du *Journal* quarante-sept ans plus tôt, des impressions durables d'une adolescente devenue grand-mère. Enfin, en 1952, Inger Hagerup décrit aux lecteurs norvégiens la situation dans un pays occupé, Radio Oranje et la police verte. Les pays scandinaves développent ainsi leurs propres lectures, marquées par leur histoire.

En dépit de tous ces changements de préfaces, d'introductions et de conclusions, il ne faut pas perdre de vue que le contenu et la forme du *Journal* lui-même ont évolué au fil des années. *Het Achterhuis*, puis *Le Journal d'Anne Frank* sont devenus dans les années 1980 une édition critique de l'original comprenant les différentes étapes de la genèse. Aussi le caractère de la préface a-t-il changé, alors qu'elle devait à l'origine indiquer un parcours à travers l'œuvre. Elle s'est transformée par la suite en explication éditoriale des différentes parties qui ne constituent pas un tout dans le *Journal*.

Yiddishland

On appelle Yiddishland la vaste région allant de la Pologne et de la Lituanie à l'Ukraine, la Russie, la Roumanie, la Hongrie et les pays de la Couronne de l'ancien empire des Habsbourg, dans laquelle la population juive parlait le yiddish. Cette région correspond en grande partie aux « Terres de sang », comme Timothy Snyder les a nommées plus tard dans son livre éponyme[1], résumant ainsi leur destin : le Yiddishland a brûlé et ceux qui y vivaient se sont noyés dans leur sang.

Des millions de personnes parlant yiddish en Europe centrale et orientale furent assassinées jusqu'en 1945, les rares survivants des camps de concentration allemands se retrouvèrent apatrides, expulsés, des fugitifs. Les centres autrefois florissants de revues, de maisons d'édition, de librairies et de petites et grandes écoles à Varsovie, Vilnius, Kovno, Lviv et ailleurs étaient détruits et ne retrouveraient plus jamais l'aura qu'ils avaient eue jadis. Le yiddish occidental que l'on parlait en Alsace et dans les régions limitrophes avait déjà été absorbé en période de paix par le français ou l'allemand.

Dans les années 1940, de petits centres de yiddish s'étaient constitués à Paris, Buenos Aires, Tel Aviv ou New York, mais aussi dans les camps de personnes déplacées près de Munich, Francfort ou ailleurs, où des journaux en yiddish avaient été

1. Paris, Gallimard, 2012.

mis en vente et où un petit commerce de livres d'édition avait vu le jour.

Comment fut-il reçu dans le monde juif, dans un monde largement détruit et toujours menacé, et quel fut alors le rôle joué par les éditions américaine et anglaise ?

La voix d'Anne Frank

Alors que l'édition allemande reliée de Lambert Schneider se vendait tant bien que mal et que la distribution de l'original néerlandais, au terme de cinq réimpressions, commençait à s'essouffler vers la fin de l'année 1949, la version française du *Journal* parue en 1950 aux éditions Calmann-Lévy connut des débuts plus modestes. Pourtant, c'est cette version que Meyer Levin lut avant de s'adresser à Otto Frank, qui lui avait signalé en septembre 1950 que des éditeurs britanniques renommés comme Gollancz, Heinemann ou Macmillan avaient refusé de publier le *Journal*, tout comme aux États-Unis Knopf, Viking, Schocken, Simon & Schuster, pour ne citer qu'eux.

Ce fut finalement Vallentine Mitchell qui signa au printemps 1951 le contrat pour l'édition anglaise chez Constellation Books, une jeune maison d'édition britannique spécialisée dans les thématiques juives et qui publiait entre autres l'hebdomadaire *The Jewish Chronicle*. La maison d'édition confia la traduction à Barbara Mooyaart-Doubleday (sans lien de parenté avec la maison d'édition américaine du même nom), une jeune Britannique qui vivait aux Pays-Bas avec son mari et ses deux enfants. Elle parlait le néerlandais et, n'ayant pas atteint la trentaine, elle était encore suffisamment proche de l'adolescente Anne qui tenait son journal. « J'étais assise à la table de la salle à manger et écrivais toute la traduction à la main », se souvint-elle plus tard :

J'avais une série de dictionnaires que je consultais en cas de doute. Je traduisais une page l'après-midi, quand mes fils dormaient ou jouaient dans leur parc. Je les couchais à 19 heures et travaillais jusqu'à 21 heures. Mon mari me disait de ne pas travailler plus tard, car cela m'empêcherait de dormir, mais j'avais un carnet de notes près du lit et je notais de temps en temps les choses qui me venaient à l'esprit pendant la nuit. Chaque jour, je commençais toujours par relire les pages que j'avais traduites la veille. En effet, il m'arrivait parfois de penser, une fois bien reposée : « Je n'aime pas la façon dont j'ai dit cela, on pourrait faire mieux. » C'est ainsi que je relisais toujours les pages traduites la veille.

Plus tard, la jeune femme reçut Otto Frank chez elle et passa avec lui tout son travail en revue. Barbara Mooyaart se souvenait du début de leur collaboration, de sa première rencontre avec le père d'Anne, et donne un aperçu de la vie qu'il menait alors à Amsterdam :

Une fois que le gros du travail de traduction fut terminé, je pris un jour de congé. Je laissai mes garçons à la maison et pris le train pour Amsterdam. Je me souviens d'être sortie de la gare et d'avoir vu la Westerkerk au loin. Je savais qu'Otto travaillait dans son bureau de Prinsengracht et je sonnai à sa porte. C'était une sensation très étrange et j'étais très impressionnée par toute cette expérience. Otto m'enchantait. Il était d'une courtoisie extrême, un gentleman de la vieille école en quelque sorte. Il me fit visiter l'Annexe, qui était très différente de ce qu'elle est aujourd'hui. Il y avait partout des trappes inattendues et toutes sortes de choses surprenantes. Il y avait des escaliers en bois qui grinçaient et des tapisseries déchirées sur les murs. Tant qu'il me faisait visiter, il ne manifestait guère d'émotions, car il avait tout simplement quelque chose à faire. Mais lorsque nous nous rendîmes à l'hôtel Krasnapolsky pour y déjeuner en tête à tête, il eut plusieurs fois les larmes aux yeux. C'était un homme très triste, et à l'époque, tout était encore très proche. Je fus ensuite submergée par mes émotions et éclatai en sanglots en sa présence lorsqu'il me présenta Fritzi. Nous déjeunâmes tous les trois, et je ne me souviens plus exactement de ce qu'il dit alors, mais c'était à peu près ceci : « Tu vois à quel point Mme Mooyaart a un lien fort à Anne et au journal. »

En mai 1952, Constellation Books publia l'édition anglaise du *Journal,* qui fut accueillie froidement en Grande-Bretagne. La maison d'édition anglaise avait commandé une introduction dans laquelle la romancière Storm Jameson évoquait plus en détail les camps de concentration qui, à l'époque, étaient méconnus du public britannique. Le livre se vendit plutôt mal. Il en alla tout autrement aux États-Unis, où Doubleday publia l'édition américaine un mois plus tard. Le 15 juin 1952, mois d'anniversaire d'Anne Frank, qui aurait eu vingt-trois ans, Meyer Levin écrivit une critique dans la *New York Times Book Review* sous le titre « La fille derrière la porte secrète » :

Le Journal d'Anne Frank *est trop tendre et personnel pour être estampillé « classique », et pourtant il ne mérite rien de moins. Il ne s'agit pas d'une triste histoire de ghetto, ni d'une accumulation d'atrocités.* Le Journal d'Anne Frank *déborde de plaisir, d'amour, de curiosité. Il contient aussi sa part de répulsion, il connaît des moments de haine, mais il est si merveilleusement vivant, si proche, qu'il fait ressentir de manière bouleversante les caractéristiques universelles de la nature humaine.*

L'après-midi du 15 juin 1952, le premier tirage de 5 000 exemplaires était écoulé. On s'empressa d'en réimprimer trois fois plus et de lancer une importante campagne publicitaire. Le *Journal* se retrouva dans les listes des best-sellers et atteignit des records de ventes semaine après semaine. Dès le premier jour, à New York, des agents de théâtre, des producteurs et des gens de la télévision réclamèrent à Doubleday et à son éditrice, Barbara Zimmerman, les droits d'exploitation.

Mais le succès – il ne pouvait évidemment en aller autrement – entraîna des querelles. En 1950, Otto Frank avait convenu avec Meyer Levin que celui-ci représenterait ses intérêts sur le marché du livre américain pour une adaptation théâtrale et d'éventuels droits cinématographiques. L'écrivain y vit un accord ferme et définitif, tandis qu'Otto Frank le considérait plutôt comme une déclaration d'intention. Nombreux sont les arguments qui plaident en faveur de cette version. Rares sont ceux qui, en 1950, auraient vu le *Journal* sur scène ou même au cinéma. Broadway et Hollywood étaient encore à des années-lumière.

Deux ans plus tard, lorsque l'édition américaine s'avéra être un succès, le conflit s'intensifia, déterminé principalement par deux points de vue différents sur le *Journal* : celui de Meyer Levin d'abord, qui estimait que la voix d'Anne Frank était devenue la voix de six millions d'âmes juives volatilisées. À ce plaidoyer passionné, Otto Frank opposait sa conception du *Journal* comme témoignage humaniste à portée générale, comme il l'écrivit dans son courrier adressé le 28 juin 1952 à Meyer Levin à New York : « Quant à la question juive, vous avez raison de dire que je ne ressens pas les choses comme vous. J'ai toujours estimé que le livre d'Anne n'était pas un livre de guerre. »

De plus, Levin se recommanda lui-même comme auteur de la version scénique du *Journal* et ne pouvait donc plus représenter de manière neutre les droits théâtraux et cinématographiques d'une œuvre qu'il voulait produire lui-même. Doubleday doutait de sa compétence et, chose plus importante encore, de son intégrité. De son côté, Levin se sentait attaqué par la maison d'édition américaine. Le directeur adjoint de celle-ci, Joseph Marks, devint un autre protagoniste de ce conflit. Levin voyait dans l'activité de la maison d'édition un commerce qui était selon lui oublieux de l'histoire et moralement injuste. Le 7 juillet 1952, Marks écrivit à Otto Frank qu'il ne voyait peut-être pas d'avenir à une collaboration en raison de « l'incompatibilité des personnalités » : « Nous avons dû en arriver à la conclusion que nous devions nous retirer et nous avons donné à M. Levin des informations détaillées sur nos négociations avec diverses personnes. »

Otto Frank proposa finalement Cheryl Crawford comme productrice, une metteuse en scène américaine expérimentée, qui devint par la suite productrice et qui avait connu des succès très remarqués à Broadway. En 1947, elle avait fondé à New York avec Elia Kazan et Robert Lewis le célèbre Actors Studio. Cheryl Crawford donna deux mois à Levin pour lui proposer sa propre version scénique du *Journal d'Anne Frank*. Une courte version radiophonique de son adaptation parut à la fin de septembre 1952, à l'occasion du Nouvel An juif, et fut bien accueillie par le public. Mais seulement quelques jours plus tard, Crawford fit savoir à Otto Frank que la pièce de Levin, selon elle, ne reflétait pas suffisamment les caractères des huit clandestins et que les personnages n'étaient pas assez nettement définis. Elle trouvait le tout trop artificiel. Le producteur Kermit Bloomgarden, appelé à la rescousse, prit le parti de sa collègue dans le conflit : « Aucun producteur digne de ce nom n'envisagerait de miser sur une pièce si peu prometteuse d'un point de vue théâtral. »

Otto Frank chargea alors l'avocat new-yorkais Meyer Mermin de jouer les médiateurs dans le conflit. Celui-ci élabora avec l'agent de Levin, Miriam Howell, une proposition selon laquelle Levin pouvait présenter sa version à un cercle de quatorze producteurs. Si l'un d'entre eux trouvait sa pièce acceptable et voulait la produire, Crawford se retirerait. Si le résultat était en sa défaveur, Otto Frank aurait le droit de réattribuer la production de la pièce. Levin eut un mois pour retravailler la pièce avant de la présenter.

Les quatorze votes des producteurs de théâtre furent négatifs. Certains y virent un potentiel dramatique trop faible, d'autres n'y décelèrent aucune chance de succès. Aucun producteur n'était prêt à mettre en scène la version de Levin. À la fin de l'année 1952, Levin perdit les droits sur la production. Dans un passage spécifique du contrat, il s'était toutefois fait accorder un droit exclusif de représentation de sa pièce en Israël.

Otto Frank proposa alors Carson McCullers comme nouvelle autrice de la pièce de théâtre adaptée du *Journal*, et Cheryl Crawford se retira en tant que productrice. McCullers était alors une jeune autrice renommée dont le roman *Le cœur est un chasseur solitaire* avait été remarqué et qui s'était distinguée avec l'adaptation de son roman *Frankie Addams* en pièce de théâtre. L'autrice, originaire des États du Sud, n'était certes pas juive.

L'éditrice Barbara Zimmerman, elle-même juive, se rangea à l'appréciation d'Otto Frank :

Je ne pense pas que les non juifs appréhenderont différemment le livre d'Anne, ou réduiront la pièce à une simple expérience juive. Ce qu'il y a de merveilleux avec le livre d'Anne, c'est que c'est un livre, une expérience pour tout le monde. Et je pense que seule un peu d'objectivité de la part des auteurs garantit cette très grande force.

Juif ou non juif ? Cette question restait pour Meyer Levin la question décisive, qu'il posa de manière de plus en plus agressive et publique. Au terme de cette valse-hésitation épuisante, Carson McCullers refusa d'être l'autrice de l'adaptation théâtrale.

Finalement, le producteur Bloomgarden mit en relation le couple Goodrich et Hackett, qui commença à élaborer un scénario à partir du *Journal*. Ce fut une collaboration difficile, notamment à cause des objections d'Otto Frank. Ils présentèrent tous deux au total six versions modifiées à plusieurs reprises avant que la pièce ne voie le jour deux ans plus tard à Broadway et ne devienne un succès mondial.

Meyer Levin conclut cependant sa critique incendiaire de la version théâtrale du *Journal* par ces mots :

Je sens plus que jamais que la répression exercée à l'encontre de ma pièce est, à sa manière, une preuve du même esprit arbitraire et brutal qui a réprimé la vie des juifs en Europe.

Levin, fou de rage, traîna les producteurs devant les tribunaux.

À la fin de 1954, l'avocat de Levin déposa une plainte auprès de la Cour suprême de New York, reprochant aux producteurs de la version théâtrale du *Journal* de ne pas avoir respecté des accords conclus entre 1950 et 1952 et accusant Goodrich et Hackett d'avoir repris des passages de son projet de pièce pour la version produite sur Broadway. Il réclamait des dommages et intérêts. Les avocats des deux parties cherchèrent un accord, mais les accusations de Levin visaient désormais aussi directement Otto Frank, qu'il accusait de fraude et de plagiat.

Levin écrivit à des rabbins et à d'autres représentants de la communauté juive et affirma le 4 mai 1956 dans *The National Jewish Post* que deux cent soixante-quinze rabbins avaient signé sa pétition demandant à Otto Frank de voir dans le journal de sa fille « un document littéraire plutôt que commercial ».

Ce fut le début d'une bataille juridique de plusieurs années, dans laquelle Meyer Levin entraîna le prudent et toujours conciliant Otto Frank, désormais furieux en raison des accusations portées contre lui. Ce fut en outre un litige qui ne se reproduisit jamais sous cette forme dans l'histoire de la littérature, riche pourtant en affaires originales et facéties en tout genre.

En janvier 1957, le théâtre Habima de Tel Aviv présenta *Le Journal d'Anne Frank* dans la version de Broadway. Le public israélien était manifestement moins intéressé par la version « juive » que par celle qui avait reçu le prix Pulitzer. Levin revendiqua son droit à la représentation israélienne, mais Otto Frank n'était pas au courant de cette représentation, comme il l'écrivit à son agent littéraire Jaap Bar-David à Tel Aviv, lui-même originaire des Pays-Bas et qui, par un amusant concours de circonstances, représentait également les droits des œuvres de Levin en Israël.

Le 6 janvier 1958, le tribunal de New York rendit son verdict. Toutes les accusations de Levin furent rejetées – à l'exception de celle de plagiat. Dans ce cas, le jury lui accordait des dommages et intérêts de 50 000 dollars américains. L'avocat d'Otto Frank fit appel, ce que le juge accepta.

En octobre 1959, les deux parties conclurent finalement un accord. Otto Frank versa 15 000 dollars à Meyer Levin, qui renonça en contrepartie à toute réclamation. Mais à peine avait-il prononcé cette renonciation qu'il poursuivait sa campagne. C'était, à ses yeux en tout cas, le monde juif qui portait plainte contre le monde non juif. Aucun tribunal au monde ne peut trancher un tel litige.

Meyer Levin s'installa définitivement en Israël. Sa pièce de théâtre ne fut jamais jouée en public. Pendant des années, il poursuivit le débat dans des livres et des essais. Il mourut un an après Otto Frank, en juillet 1981, à Jérusalem.

Israël

En janvier 1952, des manifestations massives, parfois violentes, eurent lieu en Israël contre les négociations à venir avec la République fédérale d'Allemagne sur le paiement d'indemnités. Le chef de l'opposition, Menahem Begin, menaçait de faire couler le sang si la Knesset approuvait l'ouverture de ces négociations. Le 9 janvier, le Parlement israélien votait néanmoins par 61 voix contre 50 en faveur des négociations, qui commencèrent quelques semaines plus tard aux Pays-Bas et se terminèrent le 10 septembre 1952. Le chancelier Konrad Adenauer signa pour l'Allemagne de l'Ouest, le ministre des Affaires étrangères Moshe Sharett pour Israël et Nahum Goldmann pour les organisations juives. Israël traversait alors une grave crise économique et certaines denrées alimentaires étaient rationnées. Eleanor Roosevelt se rendit dans le pays, donnant ainsi une tournure spécifique à la politique étrangère américaine. Lorsque le premier président israélien, Chaim Weizmann, mourut à la fin de l'année, le Premier ministre David Ben Gourion proposa à Albert Einstein de devenir président du jeune État. Einstein refusa.

Cette année-là, Karni, une petite maison d'édition basée à Tel Aviv, qui n'existe plus aujourd'hui, acquit les droits en hébreu du livre d'Anne Frank. Vallentine Mitchell avait négocié cette cession depuis Londres. Karni fit traduire le *Journal* du néerlandais par Shmuel Schnitzer, né en 1918 à Scheveningen, à l'époque journaliste et l'un des fondateurs du journal israélien *Ma'ariv*. Schnitzer avait déjà traduit une biographie de Staline, qui jouissait au début des années 1950 d'une certaine popularité et même vénération en Israël, ainsi que plusieurs œuvres de Balzac. En somme, un traducteur jeune à l'époque, mais déjà expérimenté. Shmuel Schnitzer décéda en 1999 à Tel Aviv.

Le *Yomena shel na'ara* [Journal d'une jeune fille] parut en 1953 sur le marché du livre hébreu. La Bibliothèque nationale de Jérusalem ne signale que peu de nouvelles acquisitions de livres en hébreu à cette époque, un recueil d'histoires d'amour, des récits de Sholem Aleikhem. Certes, on lisait beaucoup en Israël à cette époque, tout comme aujourd'hui. Mais il n'était alors pas question de nouvelles traductions, ne serait-ce que pour des raisons économiques. Et encore moins de traductions de l'allemand ou du néerlandais. Cette publication se distingua donc tout particulièrement.

De Tel Aviv à Buenos Aires

C'est en passant par Tel Aviv que l'édition yiddish du *Journal* fut publiée en 1958 à l'autre bout du monde, à Buenos Aires. Le 5 août 1957, Otto Frank avait écrit à la Confederación pro Cultura Judía en Argentine :

Messieurs, j'ai reçu votre lettre par des voies détournées et je vous remercie du grand intérêt que vous portez au journal de ma fille. Par principe, je donne volontiers mon accord pour une traduction en yiddish, mais je dois savoir au préalable si votre organisation travaille uniquement en Argentine ou également dans les autres pays d'Amérique du Sud. Je devrais en tout cas limiter l'autorisation à ces pays, d'autant plus que j'ai également des demandes pour le yiddish en provenance d'Europe de l'Est. Veuillez donc me communiquer la zone de vente et éventuellement les conditions. Je serais heureux de recevoir votre réponse en allemand, français ou anglais, car je serai sinon contraint de faire traduire vos lettres, ce qui entraînera un retard.

La réponse de Buenos Aires arriva presque par retour du courrier, en anglais. Leur édition serait limitée à l'Amérique et à l'Europe occidentale, et le directeur de la Confederación, M. Gorodisky, ajoutait : « Comme vous le savez, les conditions du marché du livre en yiddish sont plus que difficiles après la tragique décroissance du peuple yiddish. » Il précisait qu'il n'y avait pratiquement plus d'ouvrages édités en cette langue et que son organisation travaillait dans un but non lucratif. Otto Frank tenait à ce que le *Journal* soit traduit à partir de l'original hollandais, mais M. Gorodisky lui écrivit qu'il n'y avait pas de traducteur capable de le faire.

Le journal yiddish *Undzer Shtime* publia des extraits du *Journal* et une édition yiddish parut d'abord en 1958 aux éditions Menorah. Le livre finit par être publié en yiddish en janvier 1959 en Argentine, où des grèves avaient quelque peu retardé la publication. Otto Frank écrivit le 7 novembre 1959 pour dire combien il était justement ravi de cette édition, dont la couverture s'inspirait de l'original néerlandais. Il renonça à ses honoraires en faveur de la Confederación jusqu'à ce que la moitié des exemplaires fussent écoulés. Un lecteur en particulier, Shea Tenenbaum, accompagnera Otto et Fritzi Frank pendant des années et leur enverra de New York des nouvelles du monde yiddish sur Anne Frank et son *Journal*.

La question de savoir à qui appartient Anne Frank survécut à Meyer Levin. Y a-t-il une interprétation du *Journal* historiquement et donc moralement justifiée ? C'est une interrogation que le succès de la pièce de théâtre – et plus tard celui du film – rendit plus pressante encore. Meyer Levin ne fournit pourtant aucune réponse. Il nourrit même plutôt le soupçon selon lequel les choses ne se seraient pas tout à fait déroulées dans les règles. Il faut dire que Levin entra dans la littérature anglo-saxonne d'une manière très particulière. Il se considéra comme le prête-plume d'Anne Frank, gardien du graal de son destin, de la signification ultime de son *Journal* – et nous pouvons supposer que Philip Roth se considéra également comme tel. Anne Frank fascina très tôt les auteurs d'outre-Atlantique, Broadway lui fit un triomphe, ou alors c'est elle qui lui fit un triomphe, Hollywood la couvrit de glamour et d'Oscars, ou inversement : Anne Frank fit bénéficier Hollywood de son aura. Dans les années 1950, le théâtre allemand s'efforça de monter *Le Journal d'Anne Frank*, mais toutes les mises en scène, à l'Ouest comme à l'Est, avaient quelque chose d'une « institution morale », pour reprendre la formule schillérienne, témoignaient d'un immense effort. Aurait-on eu l'idée, aux États-Unis, d'interdire aux spectateurs du *Journal d'Anne Frank* d'applaudir ?

« À qui appartient Anne Frank ? », tel est le titre d'un article publié par l'autrice et essayiste américaine Cynthia Ozick dans le *New Yorker* en octobre 1997. Elle y soulignait qu'en juin de cette année-là, Anne Frank aurait fêté son soixante-huitième anniversaire et qu'elle aurait été une autrice expérimentée, à la prose spirituelle et incisive, par exemple comme celle de Nadine Gordimer.

Cynthia Ozick, née en 1928 à New York, est contemporaine d'Anne Frank. C'est à partir de cette proximité qu'elle écrit. Elle grandit dans le Bronx, fille cadette d'une famille juive orthodoxe originaire de Russie. Dans ses essais, l'autrice ne cesse de graviter autour de la langue et de la littérature yiddish. Dans ses romans et ses nouvelles, *Le Châle*, *Les Papiers de Puttermesser* ou *Le Messie de Stockholm*[1], les personnages partent à la recherche de leur judéité, explorent et affirment la tradition juive dans un monde non juif. Dans *Antiquités*, à ce jour son dernier roman paru en 2021[2], elle envoie un vieil homme de plus de quatre-vingts ans dans l'internat où il a passé son enfance. Il veut y écrire ses souvenirs, tente de le faire, mais le présent ne cesse de faire irruption.

Anne Frank fait partie intégrante de Cynthia Ozick – en tant que juive européenne fortement influencée par l'Amérique, en tant qu'écrivaine et, surtout, en tant que personne de son âge. « Je veux continuer à vivre même après ma mort », c'est dans cette phrase que Ozick reconnaît l'écrivaine dès son plus jeune âge. Mais selon Ozick, toute projection d'Anne Frank en tant que personnage contemporain est une spéculation impie : elle falsifie la réalité, la vérité meurtrière. Avec son article « À qui appartient Anne Frank ? », elle souhaite dévoiler la récupération de la jeune fille et rappelle les circonstances de sa mort atroce à Bergen-Belsen. Toute l'histoire de la publication du journal apparaît à Ozick comme une immense manipulation :

Presque chaque individu qui s'est emparé du journal avec l'intention bienveillante de le faire connaître a déformé l'histoire. Le Journal *est perçu comme un document sur l'Holocauste. Or, ce n'est justement pas le cas.*

Et elle épingle les différentes tournures de phrases employées par des critiques à propos du journal une fois qu'il a été publié, pour montrer à quel point l'histoire a été trahie. On aurait selon

1. Respectivement : Paris, Éditions de l'Olivier, 1991 et 2007 ; Paris, Payot, 1988.

2. Paris, Éditions de l'Olivier, 2022.

elle oublié l'issue ultime, pis encore, on aurait voulu la faire oublier :

En célébrant les années passées par Anne Frank dans l'Annexe secrète, l'essence et la signification même de sa mort n'ont pas pu être perçues. Le regard perspicace du Journal *ne laisse rien entrevoir de la disparition de la jeune diariste – et cette opacité, qui se répand surtout chez les jeunes lecteurs, a conduit à l'indécence.*

L'indécence de la récupération

Mais est-ce vraiment le cas ? Les jeunes lecteurs n'ont-ils pas pris en considération les circonstances de la mort d'Anne Frank ?

Au printemps 1957, Erich Lüth, alors directeur du bureau de presse de Hambourg, appela à se rendre à l'ancien camp de concentration de Bergen-Belsen pour y déposer des fleurs. Quelques semaines auparavant, un étudiant, encore sous l'émotion de l'adaptation théâtrale du *Journal d'Anne Frank* à Hambourg, avait visité le mémorial de l'ancien camp de concentration et constaté que rien n'avait été déposé au mémorial d'Anne Frank. C'est ainsi que fut lancé l'appel « Des fleurs pour Bergen-Belsen ». Le dimanche 17 mars 1957, des milliers de personnes se rendirent dans la lande de Lunebourg sous une pluie battante pour déposer des fleurs au mémorial. Erich Lüth lança un appel dans son discours d'ouverture : « Soyez plus vaillants que nous ne l'avons été ! Protégez toujours les innocents qui sont persécutés. »

Certes, un tel recueillement est empreint de pathos et de rhétorique outrancière. Mais il témoigne aussi que les jeunes de la seconde moitié des années 1950 n'oubliaient pas la mort d'Anne Frank.

Cynthia Ozick fait d'Otto Frank un « complice », voire un acteur principal, de l'oubli des circonstances historiques et de la sentimentalisation du journal. Elle suggère même qu'il est coupable de rétention d'informations : « Le père survivant se substitue à l'enfant mort en croyant que ses paroles représentent honnêtement les siennes. » Mais il n'y avait guère de raison d'avoir une telle certitude, écrit Ozick : « La paternité ne confère pas tous les droits. » Comme si le père avait voulu imposer une interprétation, voire en faire une affaire lucrative, et n'avait pas eu dans une large mesure à se défendre contre l'accusation de falsification. La propre enfance d'Otto Frank dans le Francfort du tournant du siècle était parfaitement insouciante, d'après Ozick. Il était le fils gâté d'un banquier aisé qui voulait s'intégrer à la société allemande. L'adaptation plutôt que la résistance comme héritage du judaïsme allemand assimilé. Comment peut-on faire une telle affirmation sans connaître les archives familiales ?

Quelques années après l'article du *New Yorker*, la biographe d'Otto Frank, Carol Ann Lee, en arrive à d'autres conclusions et montre le conflit intérieur qui tourmentait Otto Frank dans sa jeunesse et dans les années précédant la naissance de ses deux filles. Selon Ozick, Frank aurait supprimé du journal « de nombreuses expressions de la foi juive, une référence directe à Yom Kippour ainsi que des informations effrayantes sur des rafles de juifs menées par les Allemands à Amsterdam ». Était-ce le fait d'Otto Frank ? N'était-ce pas plutôt celui de son premier éditeur, un chrétien fervent ? Ces modifications furent-elles motivées par une intention malveillante ou par une considération hâtive pour un public non juif ?

Sans la bonne éducation juive allemande du père, la fille ne serait pas devenue une *all-American girl* à Broadway, affirme Ozick. L'auteur Alvin Rosenfeld, cité par l'essayiste, stigmatisa la vulgarisation du souvenir au moyen de la pièce de théâtre, Hannah Arendt la qualifia de « sensiblerie bon marché aux frais d'une grande catastrophe », et le psychanalyste Bruno Bettelheim écrivit à propos de la scène finale : « Si tous les hommes sont bons, il n'y a jamais eu d'Auschwitz. » Et puisque aucun Allemand en uniforme n'apparaît sur scène, Alvin Rosenfeld en tire la conclusion : « Anne Frank est devenue une formule prête à l'emploi pour un pardon facile. »

Cynthia Ozick rejette – au même titre que Rosenfeld, Arendt et Bettelheim – cette formule du pardon facile, l'identification à Anne Frank et à son journal, le floutage des contours historiques, l'oubli d'un individu et de sa mort.

S'identifier implique une part d'appropriation. Et au fond, depuis que Miep Gies a mis à l'abri les feuillets épars du journal, à qui Anne Frank appartient-elle vraiment ? Qui peut véritablement parler en son nom ? En bonne essayiste, Cynthia Ozick pose plus de questions qu'elle n'apporte de réponses, et elle ne répond pas non plus aux deux questions qu'elle a elle-même posées.

Nous pouvons donner la réponse : À personne.

Ou pour reprendre la célèbre citation de Robert Walser : « Personne n'est autorisé à se comporter avec moi comme s'il me connaissait[1]. »

À la fin de son article, Cynthia Ozick avait rappelé la figure de Miep Gies et l'avait saluée en tant qu'« héroïne atypique de cette histoire ». L'héroïne de l'histoire du journal, qui l'avait conservé et sauvé. Il aurait pu en être autrement si Miep Gies avait brûlé les feuillets pour se protéger elle-même ainsi que tous ceux qui avaient aidé les clandestins. Une idée surprenante.

De quoi parlons-nous...

Des années plus tard, Anne Frank continue à agiter la littérature anglo-saxonne. *Parlez-moi d'Anne Frank* est le titre d'une nouvelle de Nathan Englander, qui reprend les pistes de réflexion de Cynthia Ozick. Son récit fut publié pour la première fois en 2012[2] et parut également dans *The New Yorker*. L'écrivain, né

1. *La Rose*, Paris, Gallimard, 1988.
2. Paris, Plon, 2013.

en 1970 dans l'État de New York, est célèbre pour ses nouvelles, des récits qui mettent en lumière tout un contexte historique, des réalités sociales, des dilemmes moraux. Englander fait partie de la génération des enfants de Cynthia Ozick, donc de la deuxième génération.

Dans son récit, il ramène Anne Frank en Israël (où il vécut lui-même et étudia pendant quelques années) : Mark et Lauren vivent à Jérusalem et, après avoir immigré depuis les États-Unis, deviennent des juifs ultra-orthodoxes. Ils se nomment désormais Shoshana et Yerusham ; ils ont échangé leurs noms profanes contre des noms bibliques.

Un soir, tous deux reçoivent la visite d'un couple marié, également originaire des États-Unis, Deb et le narrateur. Ils parlent de leurs origines, de leurs parents qui ont survécu à la Shoah, de leur éducation orthodoxe, de leur orientation vers l'ultra-orthodoxie. Shoshana explique :

Ce que j'essaie de dire, prends-le au sérieux si tu veux, c'est qu'on ne peut pas construire le judaïsme sur la seule base d'un crime épouvantable. Sur cette obsession de la Shoah en tant que signe impératif d'identité. En tant que seul outil d'éducation. Parce que, pour les enfants, il n'y a pas d'autre lien. Rien de juif qui sert de ciment.

Le judaïsme est une religion et de la religion découlent selon Shoshana des rituels qui lient autant qu'ils relient. Deb rétorque qu'il existe une sorte de « culture juive ». « Pas s'il s'agit d'une vie juive », réplique Shoshana. Son mari, Mark alias Yerusham, qualifie d'holocauste les mariages de juifs avec des non juifs – à la grande consternation de Deb.

Et au cours de la soirée, « le jeu d'Anne Frank » fait son apparition. Le but est de déterminer lequel de ses amis non juifs la cacherait si un deuxième holocauste avait lieu. « C'est le jeu du Bon Gentil », persuadé de détenir la vérité.

Anne Frank à travers le monde

Het Wonder van Anne Frank [Le Miracle d'Anne Frank] est un documentaire néerlandais réalisé par Jan Vrijman en 1959. Il montre des images de la guerre et de la destruction d'Amsterdam de 1940 à 1945. Otto Frank, qui, en fait, n'aime pas les caméras, y raconte son retour dans cette ville. Jan Romein y présente son article « Kinderstem » paru dans *Het Parool* en avril 1946, qui a fait connaître le journal au public. En réalité, personne ne pouvait prévoir l'impact du livre. Des historiens s'y expriment, des images du 263, Prinsengracht, de la cachette, de ceux qui les aidèrent, des victimes presque mortes de faim dans les camps de concentration libérés y sont montrées. Il y a dans ce film de seulement quinze minutes une accélération et un basculement du mal vers le meilleur, voire le meilleur absolu : la première édition de *Het Achterhuis* et ensuite sa best-sellerisation sur le marché international du livre.

On y voit aussi des graphiques des ventes du *Journal* en forte hausse, des scènes de Broadway, des classes dans les écoles, des images d'Israël et de Wuppertal où un quartier entier porte le nom d'Anne Frank. Une femme de Hiroshima fait le lien entre le largage de la bombe atomique, auquel elle a survécu le 6 août 1945, et la lecture qu'elle fit plus tard du *Journal*. Nous voyons des images du recueillement de 1957 à Bergen-Belsen, des rotatives dans une imprimerie qui produisent le *Journal* par piles entières, des sculptures d'Anne Frank, des écoles qui portent son nom. Un jeune Américain, arrivé en Allemagne en tant que soldat, avoue être devenu pédiatre grâce au *Journal d'Anne Frank*. On voit quelques-unes des lettres qui parviennent du monde entier à Otto Frank, la famille royale lors de la première néerlandaise du film de George Stevens sur *Le Journal d'Anne Frank*, également en 1959.

Au milieu du film de Jan Vrijman, le jeune Ulrich Schulze, originaire d'Allemagne, interrompant un instant son jeu de violoncelle, dit : « Malgré la critique étonnamment sévère qu'elle formule envers elle-même, Anne Frank fait en cette période difficile le constat qu'il faut juger les autres avec une indulgence bienveillante et non avec dureté. Aussi ce livre m'a-t-il laissé une impression extrêmement forte de bonté humaine et de dépassement de soi. »

La merveille d'Anne Frank

Le miracle de l'histoire d'Anne Frank consiste en ce que le monde entier, du moins dans sa partie occidentale, lit son *Journal*. Tel est le message du film qui montre également qu'en 1959, la diffusion mondiale de l'ouvrage a été atteinte. Cette année-là, il s'est vendu à plus de deux millions d'exemplaires à travers le monde.

Nous aimerions présenter ici quelques étapes de la réception internationale du *Journal d'Anne Frank*. Une présentation à l'échelle mondiale, mais non exhaustive. Il est impossible de montrer, sans entrer dans les détails, toutes les étapes, tous les stades, changements comme continuités, de cette réception, ni même la plupart d'entre eux. L'ampleur, l'intensité et la diversité de l'impact ne le permettent pas. Quand un livre a-t-il jamais suscité de telles expériences ? Pour ne citer que quelques exemples : Le Theater der Jungen Generation de Dresde, qui avait étudié *Le Journal d'Anne Frank* avec tant de soin en vue d'une représentation, le fit traduire en russe en 1958 et participa ainsi à la parution du livre en Union soviétique. Au Japon, la lecture du *Journal* permit à des générations de jeunes filles de découvrir leurs propres menstruations, accompagnées de la description d'Anne. Les jeunes Japonaises appelaient d'ailleurs leurs premières règles le « jour Anne Frank ». Un fabricant de protections périodiques appelait même un de ses tampons « Anne ».

À cela s'ajoutent différentes traditions : alors que la parution de l'édition tchèque est bien documentée par une longue correspondance avec son traducteur et que les droits dans les pays nordiques étaient entre les mains d'un seul agent, un tel axe fait défaut pour l'importante édition arabe ou pour celle des Corées du Nord et du Sud. Il y a à cela des raisons aussi bien historiques que politiques.

L'impact de ce seul livre s'étend en outre bien au-delà des découvertes d'archives. En Afrique du Sud, le *Journal* a une signification propre dans l'appréciation de l'apartheid. D'un pays à l'autre, on ne le lit pas de la même manière.

Scandinavie

Vers 1952, Otto Frank, commerçant dans l'âme, répertoria soigneusement les dates des premiers contrats concernant le *Journal* et ses partenaires : Pays-Bas, Uitgeverij Contact, Amsterdam, 1er août 1946 ; France, Éditions Calmann-Lévy, Paris, 7 mars 1949 ; Allemagne, Verlag Lambert Schneider, Heidelberg, 25 juillet 1950 ; Angleterre, Constellation Books, Londres, 18 janvier 1951 ; États-Unis, Doubleday & Comp. Inc., New York, 4 avril 1951 ; Suède, Lars Hökerbergs Bokförlag, Stockholm, 20 juin 1952 ; Norvège, Dreyers Forlag, Oslo, 8 juillet 1952 ; Danemark, Grafisk Forlag, Copenhague, 14 août 1952.

Des décennies avant la mondialisation ou un marché du livre européen, limité par les nombreuses contraintes de change, chaque contrat signé était un succès et la quantité de contrats conclus était tout à fait inhabituelle. Aucun autre livre néerlandais ou allemand ne fit l'objet d'autant de cessions en langue étrangère que *Le Journal d'Anne Frank* au début des années 1950.

Les contrats pour les éditions suédoise, norvégienne et danoise furent conclus à l'été 1952, à quelques semaines d'intervalle seulement. Ces trois pays nordiques sont étroitement liés par leurs trois langues apparentées et leurs cultures. Ce sont trois monarchies modernes, attachées à leurs traditions et à leur originalité, portées par un sens prononcé de l'État social. Pourtant, de nombreux éléments les séparent historiquement, on peut même parler d'un narcissisme des nuances. Vues de près, ces différences apparaissent clairement, surtout après la fin de la Seconde Guerre mondiale : la Suède put conserver sa neutralité, au prix d'amers compromis avec l'Allemagne nazie ; la Norvège fut occupée par les Allemands en mai 1940 – le roi Haakon VII s'opposa à cette occupation et émigra avec sa famille, si bien que ce refus fut à l'origine d'une tradition dont le pays est fier aujourd'hui encore ; le Danemark enfin fut également occupé, mais resta formellement un royaume à part entière sous le règne du gouverneur général Werner Best. La plupart des juifs danois furent sauvés en octobre 1943 en traversant le Sund en bateau vers la Suède – une action courageuse des pêcheurs danois, du mouvement de résistance et de diplomates allemands. « Le bateau danois, auquel allait notre gratitude », dit un poème de Paul Celan[1]. Aujourd'hui, le Musée juif danois de Copenhague, conçu par Daniel Libeskind, le rappelle dans son plan : il a la forme d'un bateau de pêche.

En 1952, dans les trois pays du Nord, le passé nous rattrape à chaque pas. On lisait *Le Journal d'Anne Frank* en Norvège et au Danemark, qui avaient été occupés, contrairement à la Suède neutre, où la signature du contrat avait été la plus difficile à obtenir.

En 1948, Grete Berges devint l'agente littéraire d'Otto Frank pour le *Journal* à Stockholm. Elle lui écrivit le 19 juin :

---

1. *Enclos du temps*, Paris, Clivages, 1985.

Permettez-moi tout d'abord de dire qu'en tant que juive et en tant qu'être humain, cette confession d'un enfant de notre époque cruelle m'a profondément bouleversée et ébranlée. J'ai lu de nombreux témoignages réalistes sur les camps de concentration et d'autres documents terribles – tout a une limite, on ne réagit plus. Mais là, c'est tout autre chose – ici, le « J'accuse » qui touche au cœur réside dans la critique et autocritique précoces et dans la compréhension aux premières heures, saisissante au-delà de toute mesure, de la situation globale par un enfant véritable/authentique qui, en dépit de sa puérilité/son jeune âge, est/devient soudain, à son propre étonnement, un être mûr/en pleine maturité.

Peu après, Grete Berges, née à Hambourg en 1895, écrivit dans un journal suédois à propos de « cette œuvre bouleversante ». Elle était elle-même autrice de livres pour la jeunesse. En 1936, Grete Berges, appauvrie, s'était enfuie avec sa fille à Stockholm *via* Copenhague. Elle y était devenue une importante médiatrice de la littérature scandinave et allemande et une traductrice du suédois. Elle retourna à l'été 1953 dans sa ville natale et, dans le *Hamburger Abendblatt*, se posa la question, ainsi qu'à ses compatriotes, de son retour :

Est-ce que je veux retourner vivre dans ma ville natale ? Le chemin du retour m'est impossible. Malgré tout ce qui m'interpelle. Les fantômes du passé ne peuvent pas être complètement chassés. Pourtant, j'ai retrouvé Hambourg et je l'ai redécouverte ! Et ma première visite ne sera pas la dernière.

« Vous comprendrez que c'est pour moi une sorte de consolation de voir que les lettres du journal d'Anne trouvent la compréhension qu'elles méritent », écrit Otto Frank durant l'été 1948 dans son courrier à destination de Stockholm. Il le considère comme une sorte de testament et le publier comme un devoir d'être humain. L'émigrée Grete Berges disposait de l'expérience, des relations, mais surtout de l'empathie nécessaire pour transmettre le *Journal* à des maisons d'édition d'Europe du Nord et informer Otto Frank des revers et échecs divers. Dans un premier temps, la Finlande fut totalement écartée. Dans ce pays secoué par la guerre et la guerre civile, on ne voulait pas de « livres de guerre de quelque nature que ce soit ». L'Islande était alors trop éloignée. Le *Journal* fut publié plus tard dans les deux pays.

En février 1949, la conclusion d'un contrat avec la Kooperativa Förbundets Bokförlag, la maison d'édition des syndicats, semblait à portée de main. De nombreux syndicalistes étaient selon Grete Berges un lectorat à conquérir. Et surtout : « Une édition suédoise entraîne ensuite facilement une édition danoise et norvégienne. » Cependant, l'édition néerlandaise, vendue à près de 25 000 exemplaires, ne suffit pas à convaincre la maison d'édition de Stockholm d'un éventuel succès sur son propre marché du livre, si bien qu'elle finit par refuser, prétextant que le succès aux Pays-Bas était en grande partie lié aux « circonstances locales ».

En octobre, David Katz, le célèbre psychologue pour enfants originaire de Stockholm, recommanda à la maison d'édition Bonnier de publier le livre d'Anne Frank. Mais l'éditeur déclina rapidement l'offre, arguant que le « programme de traduction » pour l'année suivante était déjà bien rempli. Un refus habituel dans le monde de l'édition. Grete Berges était « déprimée ». Otto Frank lui répondit : « Ne jetez pas le manche après la cognée ! » Le 4 février 1950, il écrivit à Werner Singer, qui collaborait avec la maison d'édition Bermann Fischer à Stockholm :

La Norvège, en tant qu'ancien pays occupé, aura plus de compréhension que la Suède. Il en va de même pour la France, dont j'attends enfin l'édition ce mois-ci, à moins qu'il n'y ait de nouveaux retards.

En 1950 parut enfin l'édition allemande du *Journal*, qu'Otto Frank envoya à Stockholm à la fin de l'année. Grete Berges entreprit une nouvelle démarche, mais ne se manifesta auprès d'Otto

Frank qu'en septembre 1951 à Amsterdam. Elle avait perdu sa mère quelques mois auparavant. Mais elle put lui annoncer une bonne nouvelle : le directeur de la maison d'édition Dreyers Forlag à Oslo était, comme elle l'avait appris par son intermédiaire norvégienne Carlotta Frahm, « tout feu tout flamme » concernant le livre et avait « seulement quelques réserves quant à la vente ».

En février 1952, Grete Berges rapporta depuis Stockholm que sa fille de trente ans, qui avait beaucoup souffert dans sa jeunesse de son départ d'Allemagne, avait puisé des forces dans la lecture du *Journal.* Cependant, aucun contrat n'avait été conclu, que ce fût en Suède ou en Norvège, et Carlotta Frahm lui avait envoyé une lettre exprimant sa tristesse. Toutefois, Grete Berges gardait « un bon pressentiment » concernant le *Journal* :

Oui, je crois aussi qu'il restera à jamais un document de cette époque, et cela doit être une grande consolation pour vous. Anne Frank est immortelle.

Peu de temps après, la maison d'édition Dreyers Forlag d'Oslo annula également sa participation, tout comme la maison d'édition Tidens Förlag de Stockholm : « Les temps sont incertains dans le secteur du livre. »

Mais le « bon pressentiment » n'avait pas trompé Grete Berges. Seulement quelques semaines plus tard, en juin 1952, Otto Frank reçut des nouvelles de la maison d'édition Contact à Amsterdam concernant deux offres : l'une de Norvège, mais toujours de Dreyers Forlag, et l'autre de Grafisk Forlag à Copenhague. Ensuite, ce fut au tour de Lars Hökerbergs Bokförlag à Stockholm, une maison d'édition suédoise réputée. Otto Frank appela Grete Berges à Stockholm le 19 juin 1952 pour lui annoncer la bonne nouvelle. L'agente avait été contournée par l'offre directe d'une maison d'édition à l'autre. Elle se réjouit sincèrement, comme elle l'écrivit le jour même à Amsterdam, « que cela ait pu se faire, même si je suis nostalgique – seulement sur le plan symbolique, matériellement ce n'est de toute façon pas grand-chose par rapport à toutes mes dépenses, les copies des recensions, les frais de port, le téléphone, les visites pendant des années… Je ne veux pas de commission pour Anne Frank. Je suis tellement heureuse que ça sorte ».

Otto Frank tenait à Grete Berges en tant qu'agente pour le *Journal* et voulait la rémunérer correctement. Il savait qu'elle ne menait pas une vie facile sur le plan matériel. Durant l'été 1952, trois contrats furent signés pour le livre, qui parut à Copenhague, Oslo et Stockholm. Chacune des éditions avait sa particularité propre et fut largement diffusée en Scandinavie. Toutes trois avaient été traduites – Otto Frank avait insisté sur ce point – à partir du néerlandais, la langue d'origine.

L'intermédiaire compétente et sensible, l'autrice, traductrice et mère, avait fourni un travail remarquable. Grete Berges ne retourna plus jamais dans sa ville natale de Hambourg. Elle mourut quatre ans plus tard, le 9 janvier 1957, à Stockholm.

La famille Frank

À Bâle, on raconte qu'Otto Frank ne prenait jamais de taxi, mais toujours le tramway pour rentrer chez lui. Il n'est pas rare de prendre le tramway à Bâle, mais concernant Otto Frank, la raison en était plutôt qu'il voulait éviter des frais inutiles et préférait reverser toutes les recettes au Anne Frank Fonds qu'il avait créé en 1963 à Bâle – à ne pas confondre avec la Fondation Anne Frank qu'il avait cofondée en 1957 à Amsterdam.

En 1953, il avait emménagé avec sa deuxième femme, Fritzi, dans la Herbstgasse, où Alice Frank, sa mère, vivait avec Leni, la sœur d'Otto, et le mari de cette dernière. Herbstgasse était la rue où la partie de la famille Frank qui avait échappé à la persécution et à l'extermination vivait depuis les années 1930. Le frère aîné d'Otto, Robert, était parti pour Londres tandis que le frère cadet, Herbert, avait passé quelques années en France.

Avant la Seconde Guerre mondiale, Anne et Margot avaient passé des vacances à Bâle, mais aussi à Sils et à d'autres endroits en Suisse.

Au début des années 1950, le désir se fit plus pressant de s'installer dans la grande maison familiale, dans un environnement germanophone, sans pour autant vivre en Allemagne. Le petit appartement devint un lieu de retraite pour Otto Frank. Ce dernier accueillait de nombreux visiteurs du monde entier et c'était le point de départ de ses nombreux voyages. Le 11 de la Herbstgasse devint le véritable centre du *Journal d'Anne Frank*, bien plus que la maison du Prinsengracht.

L'impact mondial du *Journal* doit beaucoup à la correspondance d'Otto Frank, qui s'étendait au monde entier. Les facteurs d'Amsterdam, de la Herbstgasse et plus tard de Birsfelden apportaient jour après jour des piles entières de lettres à la maison. Aucune lettre ne restait sans réponse, chaque demande recevait une réponse ponctuelle et correcte, était classée et conservée avec une copie carbone : la base des archives d'Otto Frank, qui se compose de dizaines de milliers de lettres et de leurs réponses, de programmes, de manuscrits, de dessins et autres. On dénombre probablement plus de cent mille pièces d'archives.

Dans son courrier professionnel, Otto Frank apparaît comme un partenaire correct et ponctuel pour les contrats, demandes, requêtes et factures. Formé au commerce, expérimenté en droit, cultivé, il disposait, outre l'allemand, d'un très bon anglais, acquis à New York, d'un excellent français et du néerlandais, sa langue quotidienne pendant de nombreuses années. Courtois et délicat, il répondait à toutes les demandes, même les plus farfelues, même les plus confuses. Si l'on observe attentivement l'univers commercial de cette correspondance, on découvre l'autre facette d'Otto Frank, celle de l'épistolier : l'homme sensible, intègre, tendre, vulnérable, qui engage la conversation, la poursuit, se montre ouvert face à son interlocuteur, n'exige presque jamais rien et ne rompt presque jamais le fil de la discussion une fois qu'il l'a entamée. Ses lettres révèlent ce dont les proches et les amis témoignent au sujet d'Otto Frank : son intégrité.

Qui était Otto Frank ? demande son neveu Buddy Elias, qui nous le présente en quelques pages dans une esquisse de vie :

Sa fille Anne le surnommait Pim, Ottelchen était le nom que lui donnait sa sœur Leni, qui était ma mère, et il était Papa Frank pour l'un de ses compagnons d'infortune du camp d'extermination d'Auschwitz. C'était un homme vénéré et aimé, une figure devenue charismatique par le journal intime de sa fille. Mais qui était-il vraiment, d'où venait-il et à quoi ressemblait sa vie ?

Né le 12 mai 1889 à Francfort-sur-le-Main dans une famille bourgeoise juive – son père était banquier –, Otto Frank passa son baccalauréat en 1909 au lycée Lessing de la ville. Il étudia l'économie pendant un semestre à Heidelberg, mais décida ensuite de partir pour New York afin d'y travailler dans le grand magasin Macy's. Après la mort de son père, il rentra seulement quelques semaines plus tard en Allemagne, où il poursuivit sa formation commerciale. Pendant la Première Guerre mondiale, il fut mobilisé dans l'artillerie. La mère d'Otto, Alice, devint propriétaire de la banque, laquelle connut des difficultés économiques. Otto Frank, qui avait la plus grande expérience internationale de sa fratrie, partit peu après pour Amsterdam et y créa une société appelée Frank & Zonen. Les affaires allèrent si mal que la société fut liquidée à la fin de 1924.

Au printemps 1925, Otto Frank se maria avec Edith Holländer, originaire d'Aix-la-Chapelle, de onze ans sa cadette. Le 16 février 1926 naquit leur première fille, Margot Betti, et le 12 juin 1929, Annelies Marie, dite Anne.

La banque Frank avait difficilement supporté les pertes d'Amsterdam, la grande crise économique de 1929 et la restriction du trafic de devises en 1931. Elle ferma un an plus tard, puis Hitler arriva au pouvoir. Otto Frank mit à exécution son projet d'émigrer avec sa famille et opta pour Amsterdam, qu'il connaissait bien. À l'automne 1933, il loua un appartement au 37, Merwedeplein, au sud de la ville. Edith et Margot s'y installèrent en décembre de cette année-là, Anne les suivit en mars 1934 depuis Aix-la-Chapelle, où elle était restée chez sa grand-mère.

Erich Elias, qui avait épousé la sœur d'Otto, fut chargé d'ouvrir une succursale suisse de la Opekta, une filiale de l'usine Pomosin qui produisait de la pectine, un gélifiant utilisé principalement pour la cuisson des confitures. Otto Frank reprit la succursale d'Amsterdam de cette entreprise.

La famille s'installa à Amsterdam, jusqu'à ce qu'en mai 1940 les troupes allemandes envahissent la ville et le pays et que la famille fût séparée en deux, l'une à Bâle et l'autre dans Amsterdam occupée. Quel monde divisé ! D'un côté, la Herbstgasse se trouvait à quelques kilomètres de la frontière allemande, dans une Suisse neutre qui craignait l'invasion de son voisin mais offrait la sécurité contre la persécution, la destruction et la faim, tout en fermant ses frontières à d'autres juifs, et de l'autre côté, le Prinsengracht en plein cœur d'Amsterdam cruellement occupée. Pendant un certain temps, des lettres continuèrent de circuler entre les deux mondes. Puis, les nouvelles cessèrent d'arriver. Otto et Edith Frank disparurent avec leurs enfants en juillet 1942. Commença alors la période du journal intime, pour lequel Anne choisit la forme épistolaire. Celle-ci lui était familière depuis son plus jeune âge. Sa grand-mère Alice, en particulier, était une grande épistolière. De nombreuses lettres faisaient l'aller-retour entre Francfort et Bâle ou encore Aix-la-Chapelle, et finalement aussi entre Amsterdam et Bâle.

Nous imaginions la vie autrement[1] : c'est sous ce titre que Mirjam Pressler, autrice et traductrice du *Journal*, aidée de Gerti Elias, actrice, peintre et épouse de Buddy Elias, retraça l'histoire de la famille Frank à partir de ses lettres, avec beaucoup de précision et d'imagination.

---

1. Paris, Calmann-Lévy, 2022.

Nous découvrons l'épistolier sensible qu'était Otto Frank dans sa correspondance avec sa mère, et plus encore après 1945, lorsqu'il a appris la mort de sa famille. Il interrompt régulièrement son récit, avouant ne plus pouvoir continuer à écrire. Après la mort de sa mère Alice, il n'y aura plus de correspondance confidentielle de ce type. Ses lettres deviennent professionnelles, réservées, objectives. Il ne s'éloigne des affaires courantes que rarement, comme dans sa correspondance avec Luitgard Im, une jeune actrice de Düsseldorf, à qui il écrit le 22 octobre 1956 :

Chère Mademoiselle Im,

Je n'ai appris qu'aujourd'hui par des amis que vous étiez malade depuis la première et je ne puis vous dire à quel point cela m'attriste. La dernière fois que je vous ai écrit, j'ignorais que vous étiez chez vous, malade, et j'espère seulement que vous avez une bonne assistance médicale, recevez de bons soins et que vous vous sentez mieux désormais.

J'ai vu des photos de presque toutes les actrices qui ont incarné Anne, mais je dois dire qu'aucune n'est aussi proche d'Anne, dans son expression et son apparence, que vous. D'après tout ce que j'ai lu et entendu sur votre interprétation sur scène, je dois supposer que vous avez cherché à l'intérieur de vous tout ce que vous aviez à exprimer et à incarner, et que, pour ce faire, vous vous êtes véritablement imprégnée de la personnalité d'Anne, comme cela n'a pu être possible qu'à la lecture de sa vie et de ses pensées telles qu'elles sont consignées dans son journal.

J'aimerais tellement vous faire plaisir que je vous envoie ci-joint un des récits qu'Anne a écrits. Vous recevrez également sous peu un petit paquet.

Surtout ménagez-vous et bien que je sois impatient d'avoir de vos nouvelles, je n'attends pas de réponse de votre part avant que vous ne soyez complètement rétablie.

Mon épouse et moi-même vous souhaitons de tout cœur un bon rétablissement et vous envoyons nos plus sincères salutations…

Luitgard Im répond au début de décembre de Düsseldorf et le remercie pour ses vœux de bon rétablissement, le récit d'Anne et les fleurs à l'occasion de son retour sur scène. Elle dit ne se lever que pour les représentations qui exigent d'elle un « engagement maximal » :

Nous jouons rarement le Journal *ici, mais d'autant plus souvent à Duisbourg, Mülheim, Lünen, Marl, etc., c'est-à-dire dans toute la région de la Ruhr, et partout les théâtres affichent complet longtemps à l'avance, et chaque fois les spectateurs sortent du théâtre en silence et bouleversés.*

Luitgard Im, âgée de 26 ans, était au début d'une brillante carrière au théâtre et au cinéma, laquelle commença par le rôle d'Anne Frank. À propos d'un soir, le premier de la fête de Hanoukka, où elle venait de jouer, elle écrit :

Ce soir-là, mes pensées étaient tellement centrées sur Anne que j'ai dû me rappeler plusieurs fois à l'ordre afin de ne pas perdre le contrôle du jeu.

Il semble que la jeune actrice ait dû empêcher le père de l'identifier à sa fille morte. La correspondance d'Otto Frank avec Cara Wilson montre que, malgré toute la discipline qu'il s'était imposée, il gardait cette tendance. Sous le titre *Alles Liebe, Otto*[1], [Pensées, Otto] Wilson publia en 1997 la correspondance qu'elle avait eue avec Otto Frank pendant deux décennies à partir de 1959. Elle s'était présentée à l'époque comme « fille juive » pour le rôle d'Anne Frank dans un film, mais elle avait été refusée. Cela n'avait pas diminué pour autant les similitudes qu'Otto établissait entre elle et Anne Frank, bien au contraire.

1. Bâle, Perseus Verlag, 1997.

Le 3 avril 1950, Otto Frank écrit depuis Amsterdam à l'Agence tchécoslovaque du théâtre et de la littérature à Prague :

Messieurs, la maison d'édition Contact m'a fait savoir que vous aviez l'intention de publier la traduction du livre d'Anne Frank Het Achterhuis *et d'utiliser le texte allemand comme base pour la traduction. Le journal est écrit en néerlandais et il ne me semble pas utile de faire une traduction d'une traduction s'il existe d'autres possibilités. Or, il n'est certainement pas facile de trouver des personnes ayant les compétences nécessaires en traduction et connaissant suffisamment le néerlandais. Je ne voulais cependant pas manquer d'attirer votre attention sur ce point et de vous demander si vous ne pensiez pas que la légation tchécoslovaque à La Haye ou la représentation hollandaise à Prague pourrait éventuellement trouver une personnalité appropriée, si cela ne s'avérait pas possible par d'autres contacts personnels.*

Huit jours plus tard, l'Agence répondait déjà et se déclarait « tout à fait d'accord » avec Otto Frank :

Il est bien sûr toujours préférable de traduire directement à partir de l'original. Malheureusement, le contrat sur les droits tchèques du livre Het Achterhuis *n'a pas encore été approuvé, de sorte que la question de la traduction n'est pas encore posée. Si l'édition tchèque est approuvée, nous recommanderons bien sûr à la maison d'édition Mír, Praha XII de faire effectuer la traduction directement à partir de l'original.*

L'Agence s'occupait des droits d'édition et de traduction pour les maisons d'édition, c'est-à-dire qu'elle les autorisait ou les interdisait. En février 1948, trois petites années de liberté et de souveraineté relatives de la Tchécoslovaquie s'étaient écoulées, quand le gouvernement librement élu de la double nation fut renversé et un système stalinien mis au pouvoir. Le rideau de fer sépara l'Est et l'Ouest. Il y avait pourtant de part et d'autre des liens entre maisons d'édition, auteurs et traducteurs. Dès 1949, *Het Achterhuis* reçut les premières demandes de publication en provenance de Prague. Il fallut néanmoins – ou peut-être justement pour cette raison – attendre jusqu'en 1955 pour que le contrat de l'édition tchèque soit signé et qu'une autre maison d'édition soit choisie à la place. En mars 1955, Gustav Janouch écrivit à Otto Frank : « Le journal d'Anne sera publié par la maison d'édition Melantrich de Prague, qui vous enverra sous peu le contrat par l'intermédiaire de l'Agence nationale des écrivains. » Il ajouta qu'il avait été lui-même chargé de la traduction.

L'édition tchèque fut donc publiée par la prestigieuse maison Melantrich, qui exista pendant cent deux ans, de 1897 à 1999, et qui fut la plus grande maison d'édition tchèque durant la première moitié du siècle dernier. Lorsque le *Journal* fut publié en tchèque, le livre avait déjà été traduit en serbe, en slovène, en hindi et en espéranto.

Gustav Janouch n'était pas seulement le traducteur du *Journal d'Anne Frank*, mais aussi un auteur jouissant à l'époque d'une certaine réputation grâce à ses *Conversations avec Kafka*[1]. Tout jeune homme, ce Tchèque né en 1903 avait eu avec l'écrivain de Prague des conversations qu'il avait ensuite retranscrites. Son livre joua un rôle important dans la compréhension de la vie et de l'œuvre de Kafka. Cependant, depuis quelque temps, les chercheurs doutent de la fiabilité de ces notes. Janouch fit dire à Kafka un certain nombre de choses qu'il avait inventées et arrangées après coup.

De lettre en lettre, une amitié distante et respectueuse s'établit entre Janouch et Otto Frank, deux hommes qui se considéraient, chacun à sa manière, comme des émigrés. Janouch parle des difficultés à publier ses livres, de son mauvais état de santé, de la maladie de sa femme Hélène – à laquelle Otto Frank envoie des médicaments –, « votre vieux débiteur » signe-t-il de plus

1. Paris, Maurice Nadeau, 1988.

en plus souvent les lettres à destination de Bâle, et il partage la joie de voir le livre se vendre en Tchécoslovaquie. Le premier tirage de 10 000 exemplaires fut épuisé après quelques semaines seulement ; il y en eut un deuxième.

Gustav Janouch mourut le 7 mars 1968, six jours après son soixante-cinquième anniversaire. Le Printemps de Prague avait déjà fait son entrée dans le pays, tentative de mettre en place un socialisme démocratique sous influence soviétique. La conférence Kafka de l'Union des écrivains tchécoslovaques, organisée cinq ans plus tôt au château de Liblice, fut une date importante dans ce processus. Il s'agissait de Kafka et de l'actualité des thèmes de l'aliénation, de l'anonymat, du pouvoir et de l'impuissance. Des auteurs de Tchécoslovaquie et d'autres pays (sauf de l'Union soviétique) lurent Kafka le jour de son quatre-vingtième anniversaire. Mais Kafka lut aussi à sa manière leurs œuvres, leurs exposés et leurs appréciations. Son monde du pouvoir impénétrable, de l'administration inextricable et de la menace permanente s'avéra être le présent. Et Kafka lut *Le journal d'Anne Frank*. C'est donc à cette époque que les chemins de Franz Kafka et d'Anne Frank se croisèrent à Prague.

En août 1968, les chars soviétiques, hongrois et polonais écrasèrent le Printemps de Prague et, avec lui, *Le Journal d'Anne Frank*. Il ne réapparut en tchèque et en slovaque qu'au début des années 1990. Václav Havel devint président de la Tchécoslovaquie en 1989, et Alexander Dubček, qui avait été l'un des principaux instigateurs du Printemps de Prague, président du Parlement de ce pays aujourd'hui divisé entre la République tchèque et la Slovaquie.

Correspondant

En 1975, Otto Frank découvre un minuscule entrefilet parmi les annonces du journal bâlois *Nationalzeitung*. Un Palestinien, détenu dans une prison israélienne à Ramla, ville juive et arabe située au centre d'Israël, est en quête d'amitiés épistolaires. Otto

Frank lui écrit le 14 septembre afin de lui demander de plus amples informations sur sa personne. Omar Assuli répond par retour du courrier le 27 septembre et se présente : jeune détenu arabe de trente ans, originaire de Jérusalem, il est à la recherche, depuis sa cellule, d'une « jeune femme enseignante, médecin, journaliste pour lui écrire ». Ce n'est pas exactement un vieux monsieur qu'Omar Assuli avait en tête comme correspondant, en somme. Comme il le raconte, il a étudié l'architecture à Jérusalem et obtenu son diplôme à Beyrouth. Il a cependant par la suite écrit en tant que journaliste sur ce qu'il nomma « le problème palestinien » et fait paraître un livre intitulé *Let my people live* [Laissez mon peuple vivre]. En 1970, il a été arrêté pour activités hostiles à l'État d'Israël et condamné à six ans de prison par un tribunal militaire de Lod.

Fort de ces connaissances, Otto Frank se présente à son nouveau correspondant : Il est néerlandais, a soixante-six ans et vit en Suisse depuis plus de vingt ans :

J'ai vécu des choses très difficiles pendant la guerre à cause de l'occupation de la Hollande par les Allemands. Je vous en parlerai peut-être à un autre moment. J'ai répondu à votre annonce parce que je m'intéresse aux questions humanitaires.

Il dit déceler dans la lettre d'Omar Assuli qu'il est un « homme intelligent et bien élevé » et ajoute qu'il comprend également sa perspective et celle de son livre. Mais M. Assuli doit aussi, selon lui, reconnaître le droit d'Israël à vivre en paix. D'une lettre à l'autre, les deux hommes, si différents, entament un dialogue sur le problème israélo-palestinien. Omar Assuli raconte comment, à l'âge de quatre ans, il a vu de près la mort et la destruction lors d'une opération militaire israélienne à Jérusalem. Otto Frank lui répond le 8 décembre 1975 :

Afin que vous puissiez en apprendre davantage sur moi et sur ma vie, je vous envoie par courrier ordinaire la traduction arabe du livre de ma fille, Le Journal d'Anne Frank. *Elle, ma fille aînée et ma femme ont péri dans un camp de concentration nazi, alors que j'ai miraculeusement survécu. Vous voyez ainsi que j'ai beaucoup souffert. Mais je ne suis pas pour autant un homme amer, même si je n'oublierai évidemment jamais ce qui s'est passé. Je suis convaincu que rien ne peut être obtenu par la haine et la vengeance, et c'est pourquoi j'essaie d'œuvrer pour la paix et l'entente.*

Il ajoute recevoir de nombreuses lettres de tous les pays imaginables et propose à Omar Assuli de lui envoyer des timbres si celui-ci lui précise quels pays l'intéressent.

Omar Assuli le remercie par retour du courrier pour le *Journal* et parle à Otto Frank d'un film qu'il a vu en prison sur les camps de concentration. L'échange de lettres semble l'avoir impressionné.

Libéré de prison, et après une longue pause, il informe Otto Frank, en août 1976, depuis Jérusalem, des problèmes de santé qu'il a rencontrés. Et le 14 décembre 1976, il envoie une carte postale avec une vue de la vieille ville de Jérusalem, des vœux pour Noël et la nouvelle année. C'est son dernier signe de vie. Otto Frank ne répond plus. À la question de savoir pourquoi, on trouve comme réponse dans ses papiers une lettre du 8 janvier 1976 provenant d'un autre expéditeur :

En réponse à votre lettre adressée au directeur de la prison de Ramla, le prisonnier mentionné ci-dessus, Omar Mustapha Assuli, a été accusé de crime contre la sécurité de l'État d'Israël et condamné à une longue peine d'emprisonnement qui prendra fin le 19 janvier 1976.

Qu'est-ce qui poussa Otto Frank à écrire à ce détenu arabe inconnu ? Étaient-ce des motifs philanthropiques ? Son sens de la justice ? Les expériences de deux voyages qui l'avaient conduit en Israël à l'automne 1958 et au printemps 1971 ? Un voyage avant la guerre des Six Jours, un autre après. La guerre avait aggravé le « problème palestinien ». Ou était-ce tout cela à la fois ?

En juillet 1964, Otto Frank rapporte à un certain M. Rouleau une conversation qu'il a eue avec Manès Sperber à Paris au sujet d'une édition arabe du *Journal.* Sperber lui aurait conseillé de s'adresser à ce monsieur inconnu et de lui envoyer le *Journal* en arabe. Otto Frank demande à M. Rouleau de le lire et de lui donner son avis sur la qualité de la traduction :

En outre, j'aimerais savoir si vous pensez qu'il est important que ce livre soit lu dans les pays arabes. Comme le livre a été publié en Israël, il me semble impossible de le diffuser dans tous ces pays. Pensez-vous qu'il soit possible de trouver un éditeur arabe pour publier le livre ?

La réponse de M. Rouleau n'est pas parvenue jusqu'à nous, mais l'inquiétude d'Otto Frank était justifiée. En 1964, la version arabe du *Journal* fut publiée dans une maison d'édition d'État pour les publications de livres arabes en Israël. Il s'agissait d'une publication commandée par l'État, traduite de l'hébreu.

Il existe une édition du *Journal* sous forme de livre d'images bilingue pour enfants, en allemand et en arabe, éditée par Richard Carlson Jr. Une nouvelle édition arabe du *Journal* complet fut publiée en 2019 par la maison d'édition koweïtienne Al Farasha sous le titre *Anne Frank. Journal d'une jeune fille sous l'occupation.* L'édition s'appuie sur l'édition élargie du Anne Frank Fonds de 1991. Le livre fut traduit du russe vers l'arabe par Ahmad Salah ad-Din. Les livres ont un destin. Leur traduction ou leur non-traduction aussi.

En 2009 fut créé à Paris le Projet Aladin au sein de l'Unesco par Samuel Pisar, Simone Veil, Éric de Rothschild et le Anne Frank Fonds afin de transmettre des connaissances sur la Shoah dans les pays arabes et les sociétés musulmanes. L'un des projets est la nouvelle traduction du *Journal d'Anne Frank* du néerlandais vers l'arabe.

Qu'advint-il d'Omar Assuli ? Quel fut son parcours ? Que devint sa famille ? Trouva-t-il un moyen de subsistance à Al Qods, à Jérusalem-Est ? Ou disparut-il dans les violents affrontements entre Israéliens et Palestiniens ?

Anne au Japon

Au Japon, on l'appelle simplement Anne – et tout le monde sait de qui il s'agit. Dans aucun autre pays du monde, le *Journal* n'a eu autant de succès qu'au Japon. Il parut dès 1952 aux éditions Bungeishunjū sous le titre *Hikari Honoka ni – Anne no Nikki* [Lumière douce – Journal d'Anne], traduit par Kōzō Kaitō. Plus tard, on l'appela simplement *Anne no Nikki* [Le Journal d'Anne]. Il fut retraduit en 1986 d'après l'édition critique de Mariko Fukamachi.

Les premières éditions du *Journal* se vendirent au Japon à des centaines de milliers d'exemplaires. On en est aujourd'hui à sept millions d'exemplaires vendus. Mais ces chiffres ne disent encore rien de la vénération, de l'attention et de l'immense impact pour la mémoire et la réflexion qu'Anne a suscités au Japon, du culte qui lui est voué et qui perdure encore aujourd'hui. Anne est devenue une figure historique ainsi qu'un nom symbolique pour les jeunes filles qui sont sur le point de devenir des femmes.

Le Holocaust Education Center de Hiroshima consacre une section entière au *Journal d'Anne Frank*, avec des photos et des textes provenant d'Amsterdam, en prenant soin cependant de ne pas assimiler le largage de la bombe atomique à la Shoah.

Il existe une maison commémorative d'Anne Frank au Japon. Il s'agit plus précisément de l'église des roses d'Anne à Nishinomiya, consacrée en avril 1980 pour commémorer le destin de la jeune fille. La petite chapelle a la forme du grenier du Prinsengracht. Sur l'autel se trouve un chandelier de Hanoukka, un cadeau d'Otto Frank au fondateur Otsuka Makoto, qu'il avait rencontré en Israël au printemps 1971. Cette rencontre avait tellement impressionné Otsuka qu'il voulut créer un lieu de mémoire et de recueillement. Un jardin fut planté autour de la chapelle, la roseraie d'Anne, avec cinquante rosiers regroupés autour d'une statue de bronze. Otto Frank avait fait don à distance du premier rosier qu'il appelait

« Memento d'Anne ». Une exposition spéciale y est organisée chaque année dans la chapelle à la floraison des roses. Un lieu de recueillement religieux qui invite en outre à la contemplation historique.

Il y eut aussi pendant des années à l'école japonaise de Francfort un rosier appelé Anne.

Dans la cour du lycée de Takaido se trouve également un rosier pour Anne, cultivé à partir de plants de la roseraie de Nishinomiya, dont les roses sont distribuées aux écoles primaires et secondaires dans tout le Japon. Lorsqu'en 2006, un parc ouvrit ses portes à Tokyo, des roses pour Anne furent plantées dans les parterres en signe de paix. Le Sengawa Peace Park à Mitaka, Tokyo, est célèbre pour ses roses Anne. Un timbre-poste s'inspire d'ailleurs de ce motif floral.

En 2015, une exposition itinérante parcourut tout le Japon en vingt et une étapes : « Récits de l'Holocauste (1939-1945) : le courage d'Anne Frank et de Chiune Sugihara ». L'exposition comportait trois parties : l'histoire de l'Holocauste, celle du journal et celle du diplomate japonais Chiune Sugihara (1900-1986) qui, alors qu'il était vice-consul à Kaunas en Lituanie pendant la Seconde Guerre mondiale, aida des milliers de juifs à fuir vers le Japon grâce à de faux visas de transit. Il mit ainsi sa vie et celle de sa famille en danger. Sugihara est aujourd'hui honoré comme l'un des Justes parmi les Nations à Yad Vashem.

En plus de soixante-quinze ans s'opéra au Japon une synthèse singulière entre culte, reconstruction historique et libre appropriation artistique. *Watashi to Anne Furanku* [Moi et Anne Frank] est le titre d'un livre de l'autrice de littérature pour enfants Miyoko Matsutani, paru en 1980, qui inverse exactement la perspective : Yuko et sa mère écrivent leur propre journal intime et l'adressent à Anne pour rappeler la liberté et la dignité des hommes.

En 2011, Erika Kobayashi, née en 1978 à Tokyo, publia un roman graphique sous le titre *Shin'ai naru Kitty tachi e* [Ta chère Kitty]. Elle raconte sa découverte d'Anne Frank, plutôt inhabituelle pour une Japonaise, qui eut lieu en 2009 de façon tout à fait inopinée dans un restaurant japonais de New York. En face d'elle était assis Joel, un homme de soixante-treize ans, enrôlé en 1953 dans la guerre de Corée. La base de son armée se trouvait au Japon, et la nuit, le jeune homme y recherchait la compagnie de femmes, de prostituées. Celles-ci pleuraient souvent sur leur sort, leur solitude et leur honte. Lors d'une de ces nuits, l'une des jeunes femmes sanglota si fort que Joel, allongé à côté d'elle, se réveilla en sursaut et lui demanda ce qui s'était passé. Elle venait de lire *Le Journal d'Anne Frank*, paru peu de temps auparavant.

Dans ce texte, un triple journal voit le jour : alors qu'Erika Kobayashi se trouve dans la maison familiale pour le quatre-vingtième anniversaire de son père, elle découvre le journal que ce dernier a rédigé à l'âge de seize, dix-sept ans pendant la Seconde Guerre mondiale, alors qu'il devait travailler dans une usine d'aviation. « J'ai survécu un jour de plus », écrivit-il dans son journal. Kobayashi se rend alors compte que son père est né la même année qu'Anne Frank :

C'est alors que je compris qu'Anne, la jeune fille admirée, pourrait aujourd'hui avoir l'âge de mon propre père, qui se tenait devant moi, avec ses quatre-vingts ans. Je ne pouvais que me demander ce qu'Anne aurait écrit à l'âge de quarante ou quatre-vingts ans. Je ne réalisai qu'alors l'importance de sa mort et de la profonde tristesse de ne plus pouvoir lire ses mots.

L'autrice emporte les deux journaux, celui de son père et celui d'Anne Frank, dans un voyage de dix-sept jours à travers l'Europe, qui la fait passer par Francfort, Amsterdam et d'autres étapes de la vie d'Anne Frank, elle rédige son propre journal et devient l'amie qui répond au journal : *Ta chère Kitty.*

Au-delà des livres, l'histoire d'Anne est racontée au Japon sous de nombreuses formes différentes : pièces de théâtre, comédies musicales, documentaires télévisés, longs métrages ou films d'animation, romans graphiques ou mangas. Mais surtout sous forme de livres pour enfants. Chaque année, des milliers de touristes japonais se rendent à Amsterdam pour visiter la maison d'Anne Frank. Il semble que ce soit moins le contenu historique que le monde émotionnel d'une adolescente qui fascine surtout les jeunes filles. Jamais auparavant, les menstruations n'avaient été représentées au Japon aussi ouvertement que dans le *Journal*. Anne est davantage perçue comme une adolescente que comme une victime de la persécution et de la folie raciale. À moins que ce soient les deux à la fois.

La littérature diariste (*Nikki*) a sa propre grande tradition au Japon, ce qui a certainement contribué au succès du *Journal d'Anne Frank*.

L'historien Ran Zwigenberg, qui a mené des recherches sur la perception de l'Holocauste au Japon, voit dans le culte d'Anne une excuse pour la propre implication du Japon dans la Seconde Guerre mondiale. Dans une culture comme celle du Japon, où les excuses jouent un rôle clé, les discours et les gestes des gouvernants ont une signification centrale. Ainsi, à l'occasion du soixante-dixième anniversaire de la fin de la guerre en 2015, le Premier ministre japonais Shinzō Abe demanda pardon et souligna que la société japonaise devait « apprendre aux enfants, aux petits-enfants et même aux générations suivantes, qui n'ont rien à voir avec cette guerre, à s'excuser ». Dans leur livre *Jews in the Japanese Mind*, David G. Goodman et Miyazawa Masanori écrivent que « la popularité du *Journal d'Anne Frank* ne se traduit pas nécessairement en une compréhension de l'expérience juive ». Le *Journal* aurait plutôt « favorisé la tendance à généraliser l'expérience de la guerre et à empêcher la prise de conscience des problèmes spécifiques de responsabilité et de culpabilité pendant la période de la guerre ».

Sayaka Hanamura, qui interprète Anne sur scène, a longuement réfléchi de ce fait au lien qui unit Anne Frank au Japon. L'assimilation des Japonais aux juifs en tant que victimes de la

Seconde Guerre mondiale pose problème, dit l'actrice lors d'une interview :

Le Japon a été victime de la bombe atomique, mais le Japon était aussi l'allié de l'Allemagne. Quand il s'agit de victimes juives, cela devient très difficile.

La plupart des Japonais percevraient selon elle *Le Journal d'Anne Frank* comme un message de paix.

Nous partageons avec les juifs la même position, à savoir que la guerre ne doit pas se répéter. Mais je sens qu'il y a aussi des points aveugles dans la perception japonaise de la guerre. Quand je joue Anne Frank, je ne veux pas être irresponsable. Le Japon est le seul pays à avoir été touché par la bombe atomique. Mais cela n'invalide pas ce que l'armée japonaise a fait pendant la Seconde Guerre mondiale.

Plus de trois cents livres sur Anne Frank ont été publiés au Japon, dont trois par Machiyo Kurokawa, la jeune femme du film *Het Wonder van Anne Frank*. Elle avait survécu au bombardement de Hiroshima et décéda en 2011 à l'âge de quatre-vingt-un ans d'une leucémie, comme de nombreux survivants. Machiyo Kurokawa se rendit à Amsterdam, à Bergen-Belsen et à Auschwitz :

J'ai le sentiment que le peuple japonais devrait en savoir plus sur la Shoah. Je pense que les souffrances du peuple juif ne peuvent pas être comparées à ce que les Japonais ont enduré. Oui, nous avons connu la bombe atomique. Mais c'était un événement isolé. Les juifs ont une longue histoire de souffrance.

Au début de 2014, plusieurs des livres rassemblés sur Anne Frank furent détruits à Tokyo par un Japonais de trente-six ans qui déclara que son journal était un faux. Le Premier ministre Abe se rendit peu après à la Maison Anne Frank à Amsterdam, où il exprima ses regrets pour cet acte.

Le Journal *sud-africain*

Pendant son exil, Nelson Mandela lut *Le Journal d'Anne Frank* à Robben Island, une minuscule île au large du Cap, aujourd'hui mémorial censé rappeler le système de non-droit de l'apartheid qui le tint emprisonné pendant dix-huit ans. Le *Journal* circulait entre les prisonniers politiques, qui le lisaient avec tant de frénésie que sa reliure était toute décollée. Certains recopiaient les feuillets détachés afin de pouvoir conserver avec eux le texte d'Anne Frank.

En août 1994, le nouveau président de l'Afrique du Sud – une nouvelle Afrique du Sud où l'apartheid avait été aboli –, Nelson Mandela, inaugurait une exposition Anne Frank à Johannesburg. Selon ses dires, cette exposition explorait le passé afin de guérir, de réconcilier et de construire l'avenir. En ce sens, elle avait une signification particulière pour l'Afrique du Sud d'aujourd'hui, « alors que nous sortons de l'ère perfide de l'injustice de l'apartheid ».

Le président rappela alors l'époque de la Seconde Guerre mondiale, alors qu'il était le seul étudiant noir en droit de son université en Afrique du Sud et militant du mouvement de libération, et qu'il nourrissait l'espoir, comme de nombreux Sud-Africains noirs, que la victoire sur l'Allemagne nazie ne libérerait pas seulement l'Europe, mais mettrait également fin à l'apartheid en Afrique du Sud. Mandela y voyait une analogie historique :

L'apartheid et le nazisme partageaient la même croyance maléfique inhérente en la supériorité de certaines races sur d'autres. C'est ce qui a poussé les adeptes de ces idéologies à commettre des crimes innommables et à prendre plaisir à la souffrance de leurs semblables. Mais puisque ces croyances sont manifestement fausses, qu'elles l'ont été et le seront toujours, défiées par des personnes comme Anne Frank, elles sont destinées à échouer.

L'exposition fut présentée dans quatre villes sud-africaines, un an avant que la Commission Vérité et Réconciliation n'entre en fonction dans le pays, afin de révéler la vérité sur les crimes du régime de l'apartheid et de rendre la réconciliation envisageable – un projet réunissant victimes et bourreaux, juges et défenseurs. Anne Frank était la marraine de cette tentative unique dans l'histoire. Reste à savoir si la réconciliation était tout simplement possible dans une Afrique du Sud déchirée. Lire un livre en prison est, selon Mandela, une expérience totalement différente de celle de le lire quand on est libre. La lecture du *Journal* aurait pénétré profondément l'âme des prisonniers de Robben Island. Un document sur « l'invincibilité de l'esprit humain », comme l'explique aujourd'hui un enregistrement de Nelson Mandela que des visiteurs du monde entier peuvent écouter à la Maison Anne Frank d'Amsterdam.

Images

Photos

Les photos jouent un rôle décisif dans la manière dont *Le Journal d'Anne Frank* est lu, montré, transmis ou même raconté pour la première fois. Des images montrant la jeune fille à son bureau, des photos de famille, dont beaucoup ont été conservées parce que la famille suisse Frank en avait la garde. Des photos de la maison du Prinsengracht, de la cachette dans l'Annexe, d'Amsterdam ou de Francfort-sur-le-Main, de la Merwedeplein. Des portraits des amies d'Anne Frank.

La photo d'Anne Frank apparaît sur des timbres, des sculptures, des adaptations artistiques. On la voit aussi bien dans des films que sur scène. Les archives d'Otto Frank disposent de milliers de photographies appartenant à la famille et qui ont été préservées pendant la guerre, car une partie d'entre elles est parvenue à la famille Frank en Suisse.

Les photos créent une mémoire propre, une iconographie d'Anne Frank et de son journal. Elles racontent son histoire une fois de plus ou de manière tout à fait nouvelle, mettent un élément en valeur ou le révèlent tout simplement. Elles sont familières et souvent vues, elles fatiguent les yeux ou les ouvrent. Elles sont le pluriel de l'histoire racontée.

le journal
d'Anne Frank
CALMANN
LEVY

TRADUIT DE
Journal
de
Anne Frank
PRÉFACE DE
DANIEL-ROPS
CALMANN-LEVY

Das Tagebuch
der
Anne Frank
LAMBERT SCHNEIDER · HEIDELBERG

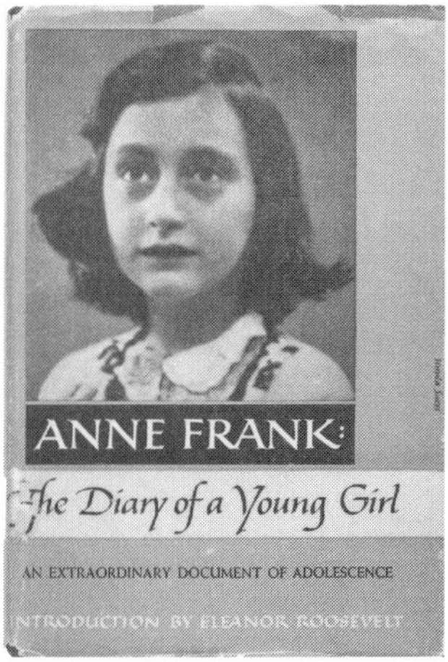
ANNE FRANK:
The Diary of a Young Girl
AN EXTRAORDINARY DOCUMENT OF ADOLESCENCE
INTRODUCTION BY ELEANOR ROOSEVELT

אנה פראנק
יומנה של נערה

ANNE FRANK
HET
ACHTERHUIS
CONTACT · AMSTERDAM

Portraits

La photo la plus répandue montre Anne à son pupitre, gaie, souriante, pleine de l'envie d'écrire et d'apprendre. L'artiste anglo-japonais Simon Fujiwara, né en 1982 près de Londres, reprend cette image dans une installation qui fut présentée en 2018 au Hamburger Bahnhof de Berlin. Nous voyons Anne Frank sous la forme d'une statue de cire grandeur nature, surmontée de deux écrans qui diffusent une vidéo en boucle de vingt minutes. Sur l'un des écrans, un bras robotique intervient dans la scène. Les spectateurs s'approchent du personnage au regard amical, tout en étant tenus à distance par l'installation.

La cachette

Des millions de personnes ont visité jusqu'à présent la maison d'Anne Frank du Prinsengracht. On voit sur la photo Johannes Kleiman, l'un de ceux qui aidèrent les clandestins, en train de montrer dans les années 1950 l'étagère remplie de classeurs placée devant l'entrée.

Johannes Kleiman fut arrêté le 4 août 1944, tout comme Victor Kugler. Otto Frank raconta à son frère après la guerre : « Avant que nous ne soyons séparés, je me suis retrouvé à côté de Kleiman et je lui ai dit que son arrestation était maintenant le prix qu'il devait payer pour son aide. » Il répondit simplement : « Je ne le regrette pas. » Kleiman fut libéré en septembre 1944 à la suite de l'intervention de la Croix-Rouge internationale. Il continua à gérer les affaires d'Opekta, même après qu'Otto Frank eut déménagé à Bâle en 1953. Dans les années qui précédèrent la création du musée, il fut à la fois réceptionniste et guide pour les visiteurs du 263 Prinsengracht. Il y mourut le 28 janvier 1959, à l'âge de soixante-deux ans, d'une attaque cérébrale.

MONTPARNASSE-GASTON BATY

MARGUERITE JAMOIS

31, Rue de la Gaité   Danton: 89-90

TOUS LES SOIRS (SAUF LUNDI) DIMANCHE MATINÉE: 15H

MARGUERITE JAMOIS et LARS SCHMIDT PRÉSENTENT

Le Journal de Anne Frank

Pièce de FRANCES GOODRICH et ALBERT HACKETT

Adaptation de GEORGES NEVEUX

Mise en scène de MARGUERITE JAMOIS

Décor de FRANCOIS GANEAU

RÉALISATION SONORE de FRED KIRILOFF

AVEC (par ordre d'entrée en scène)

MICHEL ETCHEVERRY
REINE VILLERS
GILBERTE GÉNIAT
PIERRE FLOURENS
JACQUES CHARRIER
JOSÉE STEINER
BERNADETTE LANGE
JACQUES-FRANÇOIS ZELLER
PASCALE AUDRET
MAURICE NASIL

Ets St MARTIN - PARIS - POR. 10-10

MARGUERITE JAMOIS et LARS SCHMIDT présentent

LE JOURNAL DE ANNE FRANK

Pièce de FRANCES GOODRICH et ALBERT HACKETT

Adaptation de GEORGES NEVEUX

Mise en scène de MARGUERITE JAMOIS

Décor de FRANÇOIS GANEAU

Réalisation sonore de FRED KIRILOFF

*

DISTRIBUTION (*dans l'ordre d'entrée en scène*)

Monsieur Frank	MICHEL ETCHEVERRY	*Margot*	JOSÉE STEINER
Miep	REINE VILLERS	*Madame Frank*	BERNADETTE LANGE
Madame Van Daan	GILBERTE GENIAT	*Monsieur Kraler*	JACQUES-FRANÇOIS ZELLER
Monsieur Van Daan	PIERRE FLOURENS	*Anne Frank*	PASCALE AUDRET
Peter Van Daan	JACQUES CHARRIER	*Monsieur Dussel*	MAURICE NASIL

*

Un entr'acte d'un quart d'heure après le premier acte

*

Directeur de la Scène .... [illegible]
Régisseur de la Scène .... [illegible]
Secrétaire de Direction [illegible]

Administrateur Général [illegible]

Chef Machiniste .... [illegible]
Chef Accessoiriste .... [illegible]
Chef Électricien .... [illegible]

Théâtre

À partir de 1956, les premières représentations du *Journal d'Anne Frank* commencèrent à voir le jour à travers le monde. L'adaptation française, quant à elle, fut jouée par de brillants comédiens en 1957. Les programmes distribués au public étaient souvent très élaborés, comme celui de Kurt Hirschfeld et Peter Löffler à Zurich, qui contenait des « lettres à Anne Frank » d'élèves et d'enseignants.

Ce dernier comprenait en outre une lettre d'Otto Frank, qu'il mit également à la disposition d'autres théâtres. Il y expliquait ceci :

Il m'a été encore plus difficile de donner l'autorisation d'adapter le livre pour la scène que de le publier. Mme Roosevelt, qui a écrit la préface de l'édition américaine et avec laquelle j'ai eu l'occasion de m'entretenir à New York, a eu une influence considérable sur cette décision. Elle a souligné que seul un nombre relativement faible de personnes lisait des livres et qu'il était de mon devoir d'élargir autant que possible le cercle de ceux qui devaient s'approprier l'héritage d'Anne. Et pour cela, le théâtre et le cinéma étaient les moyens les plus appropriés. Après de nombreuses réflexions et discussions avec les écrivains, la pièce de théâtre a vu le jour. Je suis convaincu qu'elle remplit une mission, et c'est ce qui compte.

Le 8 mai 2014, la première mondiale de la pièce de théâtre *Anne* eut lieu à Amsterdam, en présence du roi Willem-Alexander et de Buddy Elias, le cousin d'Anne Frank, dans un théâtre construit à cet effet sur le vieux port de la ville. Jessica Durlacher et Leon de Winter avaient écrit la pièce sur la base du journal intime, à l'initiative du Anne Frank Fonds. Les deux auteurs, tous deux juifs néerlandais de la deuxième génération, avaient conçu une intrigue au sein de laquelle Anne Frank, interprétée par Rosa da Silva, alors âgée de vingt-sept ans, raconte sa vie à son ami Peter Schiff dans un bistrot parisien. Des projections multimédias permettaient de voir le texte original du journal. La pièce se déroulait sur différents niveaux spatiaux et montrait ainsi le temps qui s'écoule dans la cachette. La *Süddeutsche Zeitung* écrivit dans sa critique du plan final :

Le décor sinistre montre un espace gris indéfinissable avec des arbres sous lesquels se blottissent des gens épuisés, parmi eux deux jeunes filles appuyées l'une contre l'autre, la plus jeune chuchotant de toutes ses forces pour consoler sa sœur aînée et lui faire miroiter un bel avenir à Paris. À la fin de la représentation, le cercle se referme visuellement. Car au début, Anne monte en haut de la tour Eiffel, tandis que des projections montrent des miradors surplombant un terrain gris de cendre. À la fin, elle s'éloigne sur des rails.

Retour

La photo montre Otto Frank le 3 mai 1960 à l'Annexe, le jour où le musée y est inauguré.

Otto Frank entouré de ceux qui aidèrent les clandestins : Miep Gies (devant à gauche), Johannes Kleiman (derrière à gauche), Victor Kugler (derrière à droite) et Bep Voskuijl (devant à droite).

Les employés de l'entreprise Opekta formèrent un cercle qui fournit aux clandestins de 1942 à 1944 de la nourriture, des vêtements, des livres et des journaux. Tous risquèrent leur vie, tous restèrent en contact avec Otto Frank, le survivant, tout au long de leur vie. En 1973, le mémorial de Yad Vashem leur rendit hommage en tant que Justes parmi les Nations.

MILLIE PERKINS
als Anne Frank
JOSEPH SCHILDKRAUT
UIT

Visites d'État

Otto Frank vit d'emblée dans le journal de sa fille un livre qui devait bénéficier d'une protection officielle. C'est pourquoi il en envoya les premiers exemplaires à la maison royale néerlandaise, qui accepta cette mission. En 1959, la reine Juliana et la princesse héritière Beatrix assistèrent à la première du film *Le Journal d'Anne Frank* aux Pays-Bas. Aujourd'hui encore, il est de bon ton que les reines et les rois, les présidents, les Premiers ministres et ministres en visite officielle aux Pays-Bas se rendent à la Maison Anne Frank à Amsterdam.

Otto Frank photographe

Otto Frank acquit dans les années 1920 un appareil photo Leica 9 et devint un photographe passionné.

C'est à Sils-Maria qu'il photographia sa femme et ses deux filles, probablement au début des années 1930 : Anne, Edith et Margot.

Le journal intime

Le carnet à carreaux fut offert à Anne Frank le 12 juin 1942 pour son treizième anniversaire. Elle accepta ce cadeau comme s'il s'agissait d'une amie à qui elle allait tout confier. Quelques semaines plus tard, la famille entrait dans la clandestinité. L'album de poésie devint le journal intime de la jeune fille et une image célèbre dans le monde entier.

Anne écrivit ses notes dans l'album ainsi que dans d'autres cahiers et, plus tard aussi sur des feuilles volantes. Au sens strict, il s'agit de plusieurs journaux intimes.

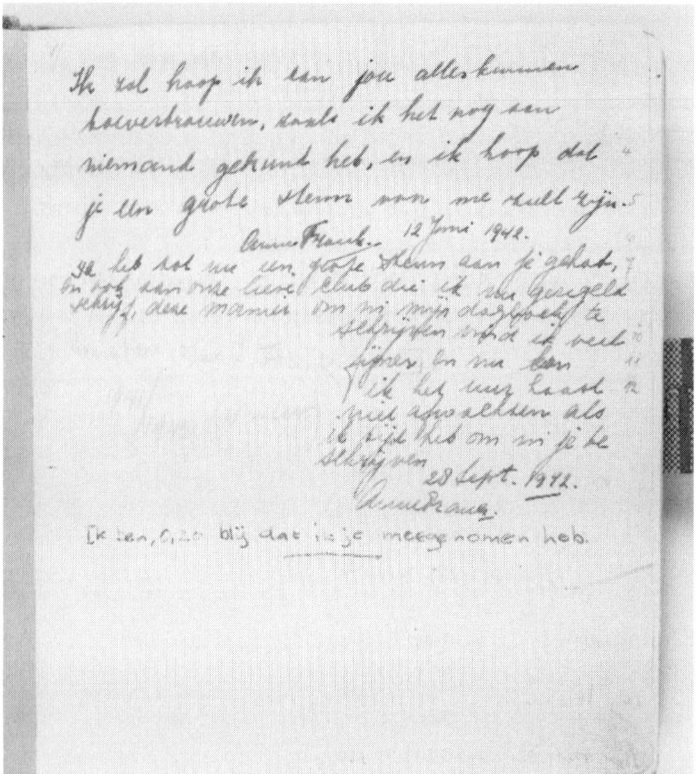
Ik zal hoop ik aan jou alles kunnen toevertrouwen, zoals ik het nog aan niemand gekund heb, en ik hoop dat je een grote steun aan me zult zijn.

Anne Frank. 12 Juni 1942.

Ik heb tot nu een grote steun aan je gehad, en ook aan onze lieve club die ik nu geregeld schrijf, deze manier om in mijn dagboek te schrijven vind ik veel fijner, en nu kan ik het nu haast niet afwachten als ik tijd heb om in je te schrijven.

28 Sept. 1942.

Anne Frank.

Ik ben zo blij dat ik je meegenomen heb.

L'écriture

« Je vais pouvoir, j'espère, te confier toutes sortes de choses, comme je n'ai encore pu le faire à personne, et j'espère que tu me seras d'un grand soutien[1]. »

Cette première entrée du journal d'Anne Frank datant du 12 juin 1942 fut reproduite dans de nombreuses éditions. Plus tard, l'écriture de la jeune fille fut soumise à des examens graphologiques afin de prouver sans l'ombre d'un doute qu'il s'agissait bien de son écriture.

1. *Anne Frank – L'Intégrale*, *op. cit.*

Films

En août 1959, l'adaptation cinématographique du *Journal d'Anne Frank* sortit sous forme de production hollywoodienne avec Millie Perkins dans le rôle d'Anne Frank, Joseph Schildkraut dans celui d'Otto Frank, Gusti Huber dans celui d'Edith et Diane Baker dans celui de Margot Frank, sous la direction de George Stevens. Elle fut récompensée par trois Oscars. Il s'agit de la première des nombreuses adaptations cinématographiques du *Journal*.

Où est Anne Frank !

Le film d'Ari Folman, réalisé en 2021, donne corps au personnage imaginaire de Kitty et le situe à notre époque. Kitty dérobe au musée le journal intime ultra-sécurisé d'Anne et part à la recherche de son amie qu'elle croit encore en vie. À ses côtés se trouve son nouvel ami Peter. Ils traversent Amsterdam et rencontrent des réfugiés, des policiers qui veulent les expulser. Les images du passé et du présent s'entremêlent. Le film d'animation du réalisateur de *Valse avec Bachir* reprend les motifs du journal intime et de sa postérité. Kitty s'étonne du culte autour de son amie Anne, dont elle porte en même temps le message à notre époque. Elle s'engage en faveur des réfugiés menacés d'expulsion à Amsterdam.

Le 28 septembre 1942, Anne Frank écrit dans son journal :

Jusqu'à maintenant, j'ai trouvé en toi un grand soutien, comme auprès de Kitty à qui j'écris régulièrement, j'aime beaucoup mieux cette façon d'écrire dans mon journal et maintenant j'ai vraiment du mal à attendre le moment de te retrouver pour écrire. Oh, comme je suis contente de t'avoir emporté !

BF-17

Expositions

D'innombrables expositions à travers le monde rappellent aujourd'hui encore le destin d'Anne Frank.

Quant à l'ancienne Annexe du 263, Prinsengracht – devenue la maison Anne Frank – elle permet de voir dans quelles conditions vivait la jeune fille lors de la rédaction de son journal.

La sœur oubliée

Tout ce qui appartenait ou gravitait autour d'Anne Frank fut étudié, recherché, retrouvé, rejeté. Seule une figure clé de sa vie fut pratiquement mise de côté : sa sœur Margot, de trois ans son aînée. On ne lui donne la parole que de façon marginale. Lorsque Otto Frank écrit dans une lettre en 1945, après la découverte des notes d'Anne, qu'il ne reste de Margot que quelques cahiers d'école, on perçoit la douleur et la souffrance du père soucieux de bonne entente, qui tient justement les notes de l'une de ses deux filles entre les mains, et presque rien de l'autre. Grâce à lui, son autre fille passe néanmoins à la postérité. Margot fut singulièrement oubliée.

Dans les décennies qui suivirent la publication du *Journal* on perçut ainsi les deux sœurs : d'un côté la première de la classe, docile et studieuse, de l'autre la jeune fille joueuse, rebelle et obstinée. Dans leur adaptation en roman graphique du *Journal*, Ari Folman et David Polonsky placèrent toute une série de photos sous une phrase d'Anne : « On me compare sans cesse à ma sœur[1]. »

Le 12 mars 1944, elle écrit au sujet de sa sœur :

Margot est très gentille et aimerait bien être ma confidente, pourtant je ne peux pas tout lui dire. Elle me prend au sérieux, beaucoup trop au sérieux et médite longuement sur sa folle de sœur, me lance un regard inquisiteur à chacune de mes paroles et se demande chaque

1. Ari Folman et David Polonsky, *Le Journal d'Anne Frank*, *op. cit.*

fois : « Est-ce qu'elle joue la comédie ou bien pense-t-elle vraiment ce qu'elle dit ? » Tout cela parce que nous sommes constamment ensemble et que je serais incapable d'avoir ma confidente constamment autour de moi.

Traits

Au cours des deux longues années de clandestinité, Otto Frank marqua au crayon sur le mur la taille de ses deux filles qui grandissaient, M à côté de A – on peut voir aujourd'hui encore les deux initiales et les traits dans la maison d'Anne Frank. Le père était sans doute le plus à même de remarquer les conflits, ouverts ou larvés, qui opposaient les deux sœurs lorsqu'Anne se sentait mise de côté par sa mère et cherchait à obtenir les faveurs de son père. « Que maman prenne la défense de Margot, cela va de soi », écrit-elle le 30 octobre 1943. Elle était persuadée que c'était toujours elle que grondaient son père et sa mère, jamais Margot :

Je ne suis pas jalouse de Margot, ne l'ai jamais été, je n'envie pas son intelligence ni sa beauté, je voudrais seulement sentir que papa m'aime vraiment, pas seulement comme son enfant, mais pour moi-même, Anne. Je me raccroche à papa parce que je considère maman chaque jour avec plus de mépris, et qu'il est le seul à retenir mes derniers restes de sentiments familiaux. Papa ne comprend pas que de temps en temps j'ai besoin de soulager mon cœur à propos de maman, il refuse d'en parler, il évite tout ce qui a trait aux erreurs de maman.

Margot avait trois ans de plus qu'Anne. Pour les adolescents, cela fait une grande différence. Dans sa biographie d'Anne Frank, Melissa Müller[1] dresse également le portrait de sa sœur. En 1932, Margot serait passée du statut de bébé mignon à celui de petite beauté :

1. *La Vie d'Anne Frank*, Paris, Perrin, 2001.

Sage et timide, presque trop sérieuse, elle regardait de ses yeux sombres et expressifs. Même lorsqu'elle jouait et riait, elle le faisait avec décence. Une enfant modèle, à qui on ne pouvait rien reprocher et qui faisait la joie de tous ses proches. « Margot ne supporte pas les baisers », s'étonnait toutefois son cousin. Une petite dame à six ans déjà – malgré les rondeurs de bébé qui s'accrochaient obstinément à ses joues et à ses hanches. Une sœur exemplaire pour Anne, dont Margot s'occupait avec une attention touchante, dont elle compensait la vivacité et l'exubérance par son calme.

Horaires scolaires

À Pâques 1932, Margot fut inscrite à l'école Ludwig-Richter de Francfort-Eschersheim, un bâtiment moderne qui venait d'être construit dans le cadre de la planification urbaine « Neues Frankfurt ». Il y avait de grandes fenêtres exposées plein sud ; les bancs d'école fixes et indéboulonnables de l'époque wilhelminienne avaient été remplacés par des tables légères en tubes d'acier qui pouvaient être disposées de différentes manières. Quelques années plus tôt, une pédagogie moderne avait fait son apparition, axée sur la participation, la communication et l'encouragement. Les élèves catholiques et protestants côtoyaient les juifs, les enfants de familles aisées étaient mêlés à ceux de familles plus pauvres.

En 1933, la famille déménagea dans un appartement plus petit dans le quartier des Poètes de Francfort, à la périphérie de la ville, pour faire face aux difficultés économiques. Margot dut changer d'école jusqu'à ce que la famille émigrât aux Pays-Bas à la fin de 1933.

Anne fréquenta l'école Montessori d'Amsterdam, une école expérimentale privée, tandis que les parents envoyèrent leur fille aînée dans une école primaire publique, la Jeker school – « pensant sans doute que leur fille docile et appliquée aurait eu des difficultés à s'imposer dans un environnement aussi libéral qu'une école Montessori. Elle faisait ce qu'on lui disait de faire, ne pensait pas à se rebeller et ne se faisait donc pas remarquer ». Ce sont les termes employés par Melissa Müller.

De Margot ne nous sont parvenus que des cahiers d'école, des lettres de famille et les souvenirs de quelques-unes de ses camarades de classe. Nous connaissons son visage grâce à quelques photographies. Il ne reste donc que très peu de choses. En revanche, celui qui joua un rôle important dans la transmission d'informations fut le cousin d'Anne et de Margot, Bernhard Elias, né en 1925, que la famille appelait Buddy et qui était très attaché à Anne, bien qu'il fût plus proche de Margot par l'âge. Margot ne supportait pas les baisers, avait-il constaté. Buddy était un patineur doué, admiré par les deux filles, puis il devint une star mondiale du show-business, jouissant d'une grande expérience et remportant de multiples succès, et resta très attaché à sa ville de Bâle et à sa famille. Il jouera plus tard un rôle important dans le travail du Anne Frank Fonds.

Margot et Anne s'étaient bien enracinées à Amsterdam. C'est aussi pour cette raison que les parents ne voulurent pas émigrer une nouvelle fois après le début de la guerre, le 3 septembre 1939. Où auraient-ils d'ailleurs pu aller ? La Suisse neutre ne leur paraissait pas un endroit tout à fait sûr, pas plus que les Pays-Bas, également neutres, et la Palestine était trop éloignée et difficilement accessible en raison des restrictions imposées par la puissance mandataire britannique. Otto Frank s'était rendu à plusieurs reprises à Londres pour évaluer ses chances de réussite économique, qui se révélèrent finalement trop minces. Milly, la cousine d'Otto, qui vivait à Londres, avait conseillé aux parents Frank de laisser partir leurs deux filles en Angleterre alors que la situation se faisait de plus en plus menaçante. Ceux-ci avaient rejeté ce projet d'« envoi d'enfants » à l'étranger. Quant aux États-Unis, Otto Frank ne pouvait rassembler le capital nécessaire, même si des membres de sa famille vivant à New York lui avaient proposé leur aide. Les Frank restèrent à Amsterdam.

Toutes les sources rapportent qu'au sein de la famille, Margot recherchait la proximité avec sa mère. Elle devint une sorte d'élève modèle, se passionnant pour les cours quotidiens, les différentes matières, les devoirs et les travaux de classe. L'enseignement religieux juif lui tenait particulièrement à cœur et le dimanche matin, pendant que les autres enfants allaient à l'église, c'était Ludwig Jacob Mehler qui le lui dispensait à Amsterdam. La famille avait connu le rabbin berlinois à Francfort, où il avait enseigné avant de venir s'installer en 1934 aux Pays-Bas. Il fut lui aussi victime des persécutions et mourut à Bergen-Belsen en avril 1945.

À partir d'octobre 1941, les deux sœurs Frank poursuivirent leur scolarité au Lycée juif d'Amsterdam, car, conformément aux dispositions national-socialistes, elles ne pouvaient plus être scolarisées avec des enfants non juifs. Les règles en vigueur au Lycée furent également celles qu'Otto Frank imposa à ses deux filles pendant toute la période de clandestinité. Enseignement en autonomie, autodiscipline et horaires stricts, tel était le règlement qu'il convenait d'appliquer au Prinsengracht.

Anneliese Schütz, future première traductrice du *Journal*, avait enseigné auparavant à Margot et Anne les classiques allemands : Goethe, Schiller, Lessing. À l'époque, il était de mise dans la bourgeoisie de connaître et de lire les classiques. Ainsi que le latin. « Pour nous distraire et nous cultiver un peu, papa a demandé à l'Institut d'enseignement de Leyde son prospectus », raconte Anne Frank le 3 novembre 1943 :

Margot a fureté au moins trois fois dans cette épaisse brochure sans rien trouver à son goût ou à la portée de sa bourse. Papa s'est montré plus rapide, il voulait écrire à l'Institut pour faire l'essai d'une leçon de « latin niveau élémentaire ». Aussitôt dit, aussitôt fait. La leçon est arrivée, Margot s'est mise au travail pleine d'enthousiasme, et le cours, malgré son prix élevé, a été commandé. Il est bien trop difficile pour moi, même si j'aimerais beaucoup apprendre le latin.

C'est ainsi que dans l'Annexe, Margot suivit des cours de latin par correspondance, dispensés depuis Rotterdam par Arie Cornelis Nielson. Bep Voskuijl envoyait à son nom les devoirs de Margot par la poste (ce qui n'était pas sans danger) et ils revenaient corrigés, avec les meilleures notes.

À cela s'ajoutaient les grammaires anglaise et française, l'histoire, la géographie et la religion. Les filles apprirent également les sténographies néerlandaise et allemande. Sans oublier les exercices physiques : il y avait le matin de la gymnastique pour tous, aussi bien pour les jeunes que pour les adultes.

Pendant ces deux années, la sœur cadette put rattraper son retard sur son aînée. Le 16 mai 1944, elle note soigneusement les « matières d'apprentissage et de lecture » des habitants de l'Annexe : tous apprenaient et surtout lisaient. Anne précise :

Anne Frank : apprend le français, l'anglais, l'allemand, la sténo néerlandaise, la géométrie, l'algèbre, *l'histoire*, la géographie, l'histoire de l'art, la mythologie, la biologie, l'histoire biblique, la littérature néerlandaise ; aime beaucoup lire des biographies, sèches et captivantes, les livres d'histoire (romans et lecture de détente parfois).

L'éventail des matières de sa sœur aînée est plus large, mais il y a aussi des recoupements :

Margot Frank : apprend l'anglais, le français, le latin d'après des cours par correspondance, la sténo anglaise, la sténo allemande, la sténo néerlandaise, la mécanique, la goniométrie, la géométrie dans l'espace, la physique, la chimie, l'algèbre, la géométrie, la littérature anglaise, la littérature française, la littérature allemande, la littérature néerlandaise, la comptabilité, la géographie, l'histoire moderne, la biologie, l'économie, lit de tout, spécialement ce qui traite de religion et de médecine.

« *Petite sœur* »

« Ma chère petite Anne... ce n'est pas toujours aussi simple qu'avec ta petite sœur », avait écrit Otto à Anne, qui n'avait pas encore dix ans, le 12 mai 1939, jour de son cinquantième anniversaire et du quatorzième anniversaire de mariage du couple Frank. En quoi consistait la prétendue simplicité de Margot ?

Les chroniqueurs et les biographes reprirent largement l'image qu'Anne donna de sa sœur. Elle vit toujours en elle des traits de caractère qu'elle rejetait, à l'instar des frères et sœurs qui s'affirment souvent l'un contre l'autre, surtout dans les années de leur développement. C'est justement ce que l'autre est, incarne ou aspire à être, qui est rejeté par le reste de la fratrie. Aussi précis que soient les lieux décrits par Anne Frank – par exemple la cachette qu'elle vient d'occuper : « Je trouve qu'il faut quand même que tu saches où j'ai atterri[1] », écrit-elle à Kitty quelques jours après son emménagement – ; aussi précises que soient les dates, elle fait des personnes qui l'entourent des personnages littéraires. M. Dussel a toujours des traits caricaturaux, Mme van Daan est également exagérée, et Peter oscille dans le journal entre ennui et rêverie, comme seul un personnage littéraire peut le faire, et fait brûler le cœur de la narratrice. Les personnes du journal sont des personnages. Ils viennent de la réalité, mais acquièrent dans le journal une stature et une cohérence propres. C'est pourquoi nous ne pouvons et ne devons jamais les retransposer dans la réalité, comme on vient de le faire pour la sœur d'Anne Frank. Les personnages du journal ont un droit de vie littéraire. De ce point de vue, Margot se révèle être un personnage extrêmement réaliste. Chaque fois qu'elle apparaît dans le journal, la dure réalité est évoquée, le quotidien dans l'Amsterdam occupée, l'étroitesse de la maison, les conflits avec les autres clandestins, les disputes entre sœurs. Mais nous n'apprenons presque rien sur les rêves, les jeux, les

1. Lettre du 10 juillet 1942.

divagations de Margot, la proximité ou la distance qu'elle ressentait vis-à-vis de sa sœur.

Meilleures amies

Le 8 juillet 1942, Anne raconte à Kitty dans son journal l'épisode du dimanche après-midi, trois jours plus tôt, où l'on a sonné à la porte des Frank, un moment de terreur qui devait être immédiatement suivi d'un deuxième :

Quand Margot et moi nous sommes retrouvées dans notre chambre, elle m'a raconté que la convocation n'était pas pour papa mais pour elle. Ça m'a fait encore un choc et j'ai commencé à pleurer. Margot a seize ans, ils font donc partir seules des filles aussi jeunes, mais heureusement, elle n'irait pas, maman était formelle, et c'est sans doute à cela que papa avait fait allusion quand il m'avait parlé de nous cacher.

Margot et Anne se disputaient l'amour de leur père, l'attention de leur mère, les faveurs de Peter. Elles étaient en concurrence pour tout ce qui concernait leurs prises de conscience, leurs découvertes, leurs rêves d'avenir et surtout leurs beautés respectives. Mais au-delà de toute concurrence, il ne faut pas oublier la proximité qui existait entre les deux sœurs.

« Maman, Margot et moi sommes à nouveau très copines, c'est tout de même bien plus agréable », écrit Anne le 14 octobre 1942 :

Hier soir, Margot et moi étions toutes les deux dans mon lit, on était serrées comme des sardines mais c'était ça le plus drôle. Elle m'a demandé si je voulais bien lui laisser lire mon journal. J'ai dit « oui pour certains passages » et puis j'ai demandé la même chose pour le sien, et elle est d'accord, et puis nous nous sommes mises à parler de l'avenir, et je lui ai demandé ce qu'elle voulait devenir plus tard, mais elle ne veut pas le dire et elle en fait un grand mystère.

Le journal de Margot ne fut pas conservé, mais Margot révélera plus tard à sa sœur ce qu'elle voulait devenir : infirmière en Palestine. Pour les jeunes filles juives, le souhait d'émigrer dans le territoire qui était à l'époque sous mandat britannique n'était pas inhabituel. Ce souhait professionnel était certainement né après que Margot eut rejoint l'organisation de jeunesse sioniste Hapoel Haza'ir à Amsterdam, qui se consacrait à l'émigration vers la Terre promise. Dans les années 1930 était organisée dans l'Allemagne nazie ce que l'on appelait la Hakhshara, le mot hébreu pour « préparation ». Les adolescents apprenaient dans des centres de formation, souvent à la campagne, les métiers dont ils auraient besoin en Palestine : l'agriculture, différents métiers d'artisanat, des professions techniques ou médicales. Margot aspirait à une formation solide dans un domaine dont le territoire sous mandat britannique aurait besoin. « Margot, veux-tu toujours aller en Palestine ? » demande Edith Frank à sa fille dans la version théâtrale de Meyer Levin. « Bien sûr », répond celle-ci. Et Mme Frank de dire : « Peut-être qu'un jour nous pourrons partir d'ici. Et ton rêve se réalisera. » Et Margot répond : « Oh, peut-être pourrions-nous y aller tous. »

Infirmière en Palestine – ce n'était pas le métier de rêve de sa jeune sœur. Et la synagogue restait aussi un lieu étranger à Anne. Margot, en revanche, se rendait régulièrement avec sa mère à la synagogue libérale d'Amsterdam.

Le double Peter

Les deux sœurs tombèrent amoureuses, en tout cas d'après le journal, de Peter van Daan, qui s'était réfugié avec ses parents au Prinsengracht. Auparavant, Anne avait eu le béguin pour un certain Peter Schiff. Un double Peter. Doublement désiré.

Doublement absent. « Cela devient un cauchemar de la nuit et du jour », écrit-elle à Kitty le 28 février 1944 :

Je le vois à toute heure ou presque et ne peux l'approcher, je n'ai le droit de rien montrer à personne, il faut que je sois gaie quand tout en moi est désespoir.

Peter Schiff et Peter van Daan se sont fondus en un seul Peter, qui est bon et gentil et dont j'ai terriblement besoin. Maman est affreuse, papa est gentil et par là encore plus insupportable, Margot est la plus insupportable de tous, parce qu'elle prétend qu'on lui fasse bonne figure et que je veux avoir la paix.

Peter n'est pas venu me rejoindre au grenier, il est allé dans les combles pour y bricoler un peu avec du bois. À chaque craquement et à chaque coup de marteau tombait un morceau de mon courage et je devenais plus triste encore. Et dans le lointain, un carillon jouait : « Le corps droit, l'âme droite ! » Je suis sentimentale, je le sais.

Je suis désespérée et déraisonnable, je le sais aussi.

Oh, aide-moi ! Bien à toi, Anne M. Frank.

Au printemps 1944, le journal montre à quel point l'amour et la passion s'amplifient, mais aussi la souffrance précoce et la rivalité entre les sœurs. Toutes deux se disputent les faveurs de Peter, s'observent l'une l'autre, mais encore plus le garçon aimé. Elles se montrent indifférentes au moment où elles le sont le moins. L'entrée du 20 mars 1944 dans le journal relate un échange de lettres entre Margot et Anne. Margot renonce généreusement à Peter. Une « preuve de la bonté de Margot », écrit Anne :

Anne, quand je t'ai dit hier que je n'étais pas jalouse de toi, je n'étais franche qu'à 50 %. En vérité, je ne suis jalouse ni de toi, ni de Peter. Je trouve seulement un peu dommage pour moi-même de n'avoir encore trouvé personne avec qui je pourrais parler de mes pensées et de mes sentiments, et de n'avoir aucune chance de trouver quelqu'un pour le moment. Mais pour autant, je vous souhaiterais de tout cœur à tous les deux de pouvoir vous accorder mutuellement un peu de votre confiance ; il te manque ici déjà suffisamment de choses qui vont de soi pour beaucoup d'autres.

Pour Margot, il s'agirait d'amitié. Anne répond pour sa part qu'elle pense que sa sœur aînée éprouve pour Peter « une sorte d'affection de sœur » et qu'elle aimerait l'aider « au moins autant que moi, j'aimerais l'aider ».

Mais les lettres des deux sœurs furent-elles jamais échangées ? Ne proviennent-elles pas en réalité d'une seule plume, celle d'Anne ? Tout porte à le croire. On les a seulement comprises différemment au fil des années, comme une véritable histoire qui est devenue la réalité pour ceux qui la lisent. Des millions d'adolescents se sont connus et reconnus dans les épisodes autour du double Peter, ils s'y sont retrouvés ainsi que leurs premiers émois et troubles amoureux.

La survie

Anne Frank est morte. Anne Frank vit comme les morts vivent d'ordinaire. Philip Roth la fait vivre, nous l'avons vu, sous les traits d'Amy Bellette. Une petite gamine rusée, nostalgique, désespérée, mais au moins vivante. Et certainement pas l'icône qu'est devenue Anne un peu partout : la jeune fille bienveillante et compréhensive... Le nom de la véritable Anne Frank est aujourd'hui omniprésent. Son livre est toujours lu, il fait partie des programmes scolaires, il est accessible dans de nombreux formats de livres différents. La maison d'Anne Frank à Amsterdam est visitée chaque année par des centaines de milliers de touristes ; en 2019, ils étaient plus de un million. En revanche, la pièce de théâtre qui fit le tour du monde il y a plus de soixante ans n'est plus que rarement jouée. Mais il y a de nouveaux films. Le film d'Ari Folman *Où est Anne Frank !*, sorti en 2021, plonge Kitty dans le monde d'aujourd'hui où elle prend parti pour les réfugiés. Le film dresse un panorama de ce qu'Anne Frank représente aujourd'hui. Kitty s'oppose aux puissants et se retrouve en différé dans notre présent, que nous voyons d'un œil nouveau et étonné. Des romans graphiques, des mangas sont mis sur le marché, des installations et d'autres productions sont visibles dans les musées. Dans l'histoire récente, il n'existe aucun livre qui ait rendu son auteur aussi célèbre et dont le nom ait une telle résonance programmatique. Mais de quel programme s'agit-il ? Et surtout : pour qui ?

« Je veux continuer à vivre, même après ma mort », avait confié Anne Frank à son journal. Ce souhait s'est réalisé, grâce à son journal. La vie d'un livre est différente de celle de son auteur. Anne Frank l'avait compris et affirmé, avec l'assurance intuitive dont elle faisait preuve pour tout ce qui concernait son écriture. Certains livres prétendent à l'immortalité. Certains y parviennent. Comme *Le Journal d'Anne Frank*.

L'œuvre publique

Au XXe siècle, aucun livre ne jouit d'un tel statut public, aucun livre ne correspond autant que *Le Journal d'Anne Frank* à la définition que donne Brecht du livre comme « marchandise sacrée ». On pourrait aussi parler d'un « livre miracle ».

Il l'est d'abord d'un point de vue économique : rien qu'en France, *Le Journal d'Anne Frank* se vend chaque année à des dizaines de milliers d'exemplaires. Mais au-delà de ça : la maison d'Anne Frank à Amsterdam a été visitée à ce jour par des millions de personnes. Dans la boutique du musée, le *Journal* n'est plus qu'un livre parmi d'autres, il est entouré d'une bibliothèque de publications connexes et de films. Un jeu propose même aux enfants de reproduire fidèlement l'Annexe du Prinsengracht.

D'emblée, Otto Frank considéra le *Journal* comme un legs de sa fille. Les bénéfices qu'il en tirait et qui augmentèrent dès les années 1950 représentaient pour lui l'argent d'Anne auquel il ne voulait pas toucher et dont il se sentait seulement le gérant.

En mai 1957, à l'initiative d'autres personnes – et non d'Otto Frank – la Fondation Anne Frank fut créée à Amsterdam. Elle avait pour projet d'acquérir la maison au 263 Prinsengracht et de l'aménager en mémorial. À l'automne de cette année, l'entreprise Berghaus, propriétaire de l'immeuble, fit don de la maison à la Fondation. L'immeuble adjacent put être acquis grâce à des dons et le 3 mai 1960, la Maison Anne Frank ouvrait enfin ses portes. Otto Frank ne voulait justement pas qu'elle devienne un musée, comme il le justifia dans un écrit programmatique :

Dès les discussions préliminaires sur la conservation de la maison d'Anne Frank, j'ai fait remarquer que cette maison ne devait devenir ni un musée ni un lieu de pèlerinage. Elle doit cependant rappeler avec gravité les événements du passé et remplir une mission d'espoir pour l'avenir.

Otto Frank ne voulait pas d'un lieu de culte. Il souhaitait que le souvenir de sa fille soit préservé grâce à ses écrits. Il avait en tête un lieu de rencontre pour les jeunes, proposant des conférences, des cours, des séminaires de formation et des discussions sur l'antisémitisme, un lieu d'engagement en faveur de la compréhension entre les peuples, contre les préjugés – dans les grandes lignes, ce que les centres Anne Frank de Francfort, de Berlin et d'ailleurs considèrent comme leur mission.

Un musée fut néanmoins créé à Amsterdam.

Le Journal d'Anne Frank a jusqu'à aujourd'hui un statut singulier en tant qu'œuvre d'intérêt public que l'État et la société se doivent de prendre en charge. Cette attente qui était celle d'Otto Frank se réalisa. En 1956, le président fédéral allemand Heuss assista à une représentation de l'adaptation théâtrale du *Journal* à Munich, ce qui constituait un geste symbolique. Le dirigeant de la RDA, Walter Ulbricht, voulait à la même époque promouvoir un film qui sortit en 1959 dans les cinémas de la RDA sous le titre *Ein Tagebuch für Anne Frank* [Un journal pour Anne Frank]. Le président américain John F. Kennedy fit déposer une gerbe dans la maison d'Anne Frank. Une décennie plus tard, les portes de la maison restèrent fermées au chef d'État ouest-allemand. À peu près à la même époque, Nelson Mandela lut *Le Journal d'Anne Frank* comme une charte de résistance qui concernait aussi le mouvement de libération sud-africain. En 1986, les Pays-Bas publièrent une édition officielle d'État du livre et rendirent toute négation de son authenticité passible de poursuites.

Pendant longtemps, le statut officiel se superposa à la lecture personnelle. Le *Journal* semble représenter quelque chose qui va au-delà de son contenu, quelque chose qui ne se contente pas de représenter ou de décrire, mais qui fait appel à nous, lecteurs.

L'œuvre publique est tout d'abord l'œuvre populaire, notamment à travers les phrases d'Anne Frank qui ornent les plaques, les affiches, les lettres : « Malgré tout, je crois encore à la bonté innée des hommes », « Un être peut se sentir seul, malgré l'amour des autres, s'il n'est le “préféré” de personne », « Richesse, considération, on peut tout perdre, mais ce bonheur au fond du cœur, il ne peut guère qu'être voilé et il saura nous rendre heureux, aussi longtemps que l'on vivra. »

Ce sont aussi ces phrases qui rendirent Anne Frank et son journal célèbres. Ce sont des phrases tirées du carnet, certes un peu sentimentales, mais non dénuées de véracité. Elles rappellent les mots d'Antoine de Saint-Exupéry. Mais chez Anne Frank, elles côtoient le récit de la dure réalité.

Le public fut en tout cas touché au cœur par *Le Journal d'Anne Frank*. Au cinéma, au théâtre, dans les librairies, ce fut un immense succès. Les intellectuels néanmoins, non seulement en Allemagne mais aussi dans d'autres pays, restèrent largement en retrait et laissèrent au grand public le soin d'acclamer le *Journal*, rejetant « les horreurs comme les délices de l'ordinaire ». Le livre est un témoignage unique de la persécution et de la menace, qui ne décrit pas l'horreur ultérieure des camps d'extermination. Et pourtant, il en est question dans le journal qui opère la synthèse entre idylle et horreur. Avec clarté, mais sans cruauté aucune, il s'agit d'une histoire d'amour en temps de guerre, l'histoire de l'adolescente Anne avec toutes les questions et les problèmes que rencontrent les jeunes filles de son âge. Les lectrices entre quatorze et seize ans s'y identifièrent comme elles le font encore aujourd'hui. Tout cela dans l'enfer de l'Amsterdam occupée de 1942 à 1944. Le journal se termine le 1er août 1944, trois jours avant l'arrestation des huit clandestins. Sept mois plus tard surviendra l'épouvantable fin au camp de concentration de Bergen-Belsen, qui se profile dans le journal sous forme de crainte de ce qui va advenir.

Du point de vue historique également, le *Journal* était un ouvrage unique en son genre car, à la fin des années 1940, aucune œuvre comparable n'avait été publiée. Ce n'est que plus tard que parurent les nombreux ouvrages documentaires et journaux. Dans la correspondance avec Otto Frank, la difficulté de trouver une étiquette pour le *Journal* est récurrente : est-ce un « livre de guerre » ? Un journal humaniste à portée universelle ? Le lit-on comme une œuvre littéraire ou comme un document d'histoire contemporaine ? Appartient-il à la littérature juive ou est-il une œuvre de la littérature d'exil ? Ou fait-il partie de tout cela à la fois ? Anne Frank continue à vivre à travers ces questions, car il n'y a pas de réponses définitives.

Allemands et juifs

Dans l'histoire de l'influence du *Journal*, un paragraphe qu'Anne nota le 9 octobre 1942 attira particulièrement l'attention :

Un peuple reluisant, ces Allemands, et dire que j'en fais partie ! Et puis non, il y a longtemps que Hitler a fait de nous des apatrides, et d'ailleurs il n'y a pas de plus grande hostilité au monde qu'entre Allemands et juifs. La Gestapo ne prend vraiment pas de gants avec ces gens, on les transporte à Westerbork, le grand camp pour juifs en Drenthe, dans des wagons à bestiaux. Miep nous a parlé de quelqu'un qui s'est échappé de Westerbork. Westerbork doit être épouvantable. On ne donne presque rien à manger aux gens, et encore moins à boire. Ils n'ont de l'eau qu'une heure par jour et un W.-C. et un lavabo pour plusieurs milliers de personnes. Ils dorment tous ensemble, hommes, femmes et enfants ; les femmes et les enfants ont souvent la tête rasée. Il est presque impossible de fuir. Les gens du camp sont tous marqués par leurs têtes rasées et pour beaucoup aussi par leur physique juif. S'il se passe déjà des choses aussi affreuses en Hollande, qu'est-ce qui les attend dans les régions lointaines et barbares où on les envoie ? Nous supposons que la plupart se font massacrer.

La première édition allemande avait été édulcorée par Otto Frank, la traductrice et l'éditeur à chaque fois qu'il était question d'Allemands et de juifs – afin de ménager le lectorat allemand.

La question de savoir si un auteur juif devait écrire la pièce de théâtre fut le point décisif de la controverse des années 1950, une controverse qui éclata aux États-Unis, notamment lors du procès de Meyer Levin contre Otto Frank. Pour le public allemand, c'était la première rencontre avec une écrivaine ouvertement juive, même si, le plus souvent, cela n'était pas appréhendé comme tel. L'année de la parution du *Journal*, la maison d'édition Suhrkamp publia *Enfance berlinoise vers 1900* de Walter Benjamin[1]. Il fallut beaucoup de temps avant que l'on perçoive Benjamin comme un auteur juif. Cette perception de l'auteur aujourd'hui mondialement connu ne fut acquise que dans les années 1960, lorsque Gershom Scholem et Theodor W. Adorno publièrent ses lettres et qu'une controverse éclata avec Hannah Arendt. La prise de position et la colère de Meyer Levin étaient justifiées : la judéité d'Anne Frank fut occultée. On ne la comprenait pas, on ne la prenait pas en compte.

Le 11 avril 1944, après un cambriolage au 263, Prinsengracht, la police appelée à la rescousse arriva jusqu'à l'armoire tournante derrière laquelle se trouvait la cachette. Anne Frank écrit :

Nous autres juifs, nous ne devons pas écouter notre cœur, nous devons être courageux et forts, nous devons subir tous les désagréments

1. Paris, L'Herne, 2012.

sans rien dire, nous devons faire notre possible et garder confiance en Dieu. Un jour, cette horrible guerre se terminera enfin, un jour nous pourrons être de nouveau des êtres humains et pas seulement des juifs !

Suit une assez longue réponse à la question posée par Anne Frank elle-même : « Qui nous a imposé cela ? », ainsi qu'une affirmation de soi : « Courage ! »

« Les Allemands et les juifs – un problème non résolu » fut le titre d'une discussion en séance plénière lors du Congrès juif mondial d'août 1966 à Bruxelles. Ce fut l'occasion d'une première rencontre officielle entre les représentants des deux peuples depuis 1945, que Nahum Goldmann, alors président du Congrès juif mondial, inaugura avec une sobriété appuyée avant de donner la parole à Gershom Scholem de Jérusalem, né à Berlin en 1897, lequel parla des juifs et des Allemands et de leurs relations au cours des deux cents dernières années.. Au début de son discours inaugural historique, il qualifia cet exercice « d'entreprise mélancolique ». Après lui, l'historien Golo Mann, revenu en Allemagne de l'Ouest après avoir émigré, déclara :

L'Allemand qui a vécu les années trente et quarante ne peut plus jamais faire totalement confiance en sa nation, il ne peut pas plus faire totalement confiance en la démocratie qu'en une autre forme d'État, il ne peut plus du tout faire confiance en l'homme et encore moins en ce que les optimistes appelaient autrefois le « sens de l'histoire ». Quels que soient ses efforts, il restera triste au plus profond de son âme jusqu'à sa mort.

Il fut suivi d'un discours de l'historien américain Salo W. Baron, d'un autre du président du Bundestag de l'époque, Eugen Gerstenmaier, qui n'hésita pas à évoquer le « meurtre des juifs », et d'un message de bienvenue de Karl Jaspers de Bâle, qui aborda une nouvelle fois la question de la culpabilité :

Nous sommes restés là, à moitié conscients, sans rien faire d'efficace. C'est pourquoi j'ai dit en 1945, lors de mon premier discours public : « Nous, les survivants, n'avons pas cherché la mort. Nous ne sommes pas descendus dans la rue lorsque nos amis juifs ont été emmenés, nous n'avons pas crié jusqu'à ce que nous soyons nous aussi exterminés. Nous avons préféré rester en vie pour la simple raison, raison mince mais juste, que notre mort n'aurait rien pu changer. Si nous sommes en vie, c'est notre faute. »

« D'ailleurs il n'y a pas de plus grande hostilité au monde qu'entre Allemands et juifs », avait noté Anne Frank vingt-quatre ans plus tôt dans son journal, résumant ainsi en une seule phrase, comme en passant, une histoire qui perdure depuis longtemps – jadis l'avenir, aujourd'hui le passé.

Legs

En 1977, Otto Frank accorda une longue interview radiophonique au journaliste américain Arthur Unger. Elle s'écoute comme le legs d'un père de quatre-vingt-huit ans, qui passe en revue les principales étapes de sa vie. Il appelle sa fille Anna et non Anne, parle des nombreuses lettres qu'il reçoit encore de la part des lecteurs du *Journal* – il répond à chacune d'entre elles –, des Pays-Bas auxquels il se sent le plus lié, évoque la « grève de février » par laquelle les ouvriers néerlandais s'opposèrent en 1941 à la persécution des juifs dans leur pays, de l'Allemagne – « Je n'y prendrai jamais de vacances ». Comme d'autres survivants, il ne voulait plus y vivre, même si l'œuvre de sa fille avait eu un réel écho en Allemagne.

Au fil des années, Otto Frank avait modifié son testament à sept reprises pour finalement désigner un légataire universel : le Anne Frank Fonds. Il l'avait créé avec sa femme en 1963 pour gérer les honoraires, veiller aux droits d'auteur du *Journal* et agir dans le sens de son idée de fondation. Les feuillets du journal d'Anne Frank ont été confiés à la NIOD d'Amsterdam, qui s'occupa ensuite de l'édition nationale.

Otto Frank est décédé le 19 août 1980 à l'âge de quatre-vingt-onze ans. L'année précédente, il avait encore participé à une grande manifestation commémorative pour le cinquantième anniversaire de sa fille à la Westerkerk, aux côtés de la princesse héritière Beatrix, future reine des Pays-Bas.

Depuis 1980, l'agence zurichoise Liepman représente les droits du *Journal d'Anne Frank*. Fondée à l'origine à Hambourg en 1949, l'agence se fit un nom dans l'industrie du livre, largement connu et reconnu, avec d'excellentes relations en France, en Italie, en Israël, aux États-Unis et en Scandinavie. L'agence représente les droits de traduction d'auteurs juifs comme Péter Nádas, A.B. Yehoshua, Hanna Krall, les droits d'auteur des œuvres d'Elias Canetti, Norbert Elias ou Ida Fink, pour ne citer qu'eux.

Dans le monde de l'édition, on appela longtemps Liepman en guise de plaisanterie les « Liebfrauen », du nom de la fondatrice Ruth Liepman et des agentes littéraires Ruth Weibel et Eva Koralnik. Eva Koralnik fut, avec Vincent Frank-Steiner du Anne Frank Fonds, la force motrice de la réédition du *Journal*, d'abord dans l'édition critique du NIOD en 1986, puis dans l'édition mondiale de 1991, établie par Mirjam Pressler. Eva Koralnik et son agence l'ont vendue aux États-Unis, en France, en Corée du Nord et du Sud, dans le monde entier.

La proximité des destins d'Anne Frank et d'Eva Koralnik explique l'engagement de cette dernière pendant de nombreuses années. Née en 1936 à Budapest d'une mère suisse et d'un père hongrois, elle avait survécu à la persécution en tant qu'enfant clandestin en 1944 grâce à l'aide du diplomate suisse Harald Feller et avait pu rejoindre la Suisse avec sa mère et sa sœur née à l'été 1944.

Par cette « édition définitive », le Anne Frank Fonds veut lutter contre le morcellement et la dissolution du *Journal*, dont les parties ne représentent plus l'ensemble. Le *Journal* doit continuer à exister en tant qu'œuvre intégrale.

L'importance de cette préoccupation fut démontrée lorsqu'en 2017, des supporters extrémistes du club de football de la Lazio de Rome se moquèrent des fans de l'équipe adverse, l'AS Rome, en collant sur leurs places dans le stade l'image d'Anne Frank portant leur maillot. D'autres autocollants portaient l'inscription *Romanista Ebreo* (Juif supporter de la Roma) ou *Romanista Frocio* (Pédé supporter de la Roma). Les photos firent le tour du monde et ébranlèrent les responsables politiques italiens. La même semaine, lors d'un autre match, la Fédération italienne de football fit lire un passage du *Journal* et observa une minute de silence dans le stade romain. Les joueurs portaient le portrait d'Anne Frank sur leur maillot.

Au fil des années, le *Journal* a perdu sa force de cohésion et un phénomène « Anne Frank » est apparu, une référence sans plus aucun lien avec l'œuvre. Cela ouvre de nouvelles perspectives, tout en présentant un danger : la perte de l'essence même de son œuvre. Les chefs d'État et les hautes institutions ne peuvent plus s'approprier *Le Journal d'Anne Frank* aussi facilement qu'auparavant. Ils sont aujourd'hui contestés, ils ont perdu leur valeur d'évidence.

Les livres autour d'Anne Frank

Un genre particulier de livres autour d'Anne Frank vit le jour au fil des années : les livres des protecteurs, comme celui de Miep Gies, *Elle s'appelait Anne Frank*. Des livres des amies furent également publiés ; Jacqueline van Maarsen écrivit le livre *Je m'appelle Anne, dit-elle, Anne Frank*[1], et en 2023 parut le livre de son amie Hannah Pick-Goslar, décédée peu de temps avant, *Anne Frank et moi*[2]. Les deux amies furent en contact étroit avec Otto Frank pendant des années.

1. Paris, Galaade, 2007.
2. Paris, Robert-Laffont, 2023.

Ces ouvrages viennent s'ajouter à ceux cités précédemment de Melissa Müller, ou encore Carol Ann Lee. Il ne s'agit là que d'une petite sélection de titres, de Mémoires, de livres d'entretiens, de textes documentaires sur Anne Frank et de bandes dessinées qui remplissent des étagères entières.

Cela ne doit pas occulter la présence d'Anne Frank dans les films et les séries télévisées d'aujourd'hui. Sous le titre *Anne Frank, ma meilleure amie* l'histoire d'Hannah Pick-Goslar est sortie en film. *Le Journal d'Anne Frank* se retrouve dans un nombre infini d'histoires et de formes médiatiques.

Un sujet ne cesse d'agiter l'opinion publique, à savoir l'identité du dénonciateur d'Anne Frank et des autres clandestins. *Qui a trahi Anne Frank ?* est le titre du livre de l'écrivaine canadienne Rosemary Sullivan, paru en 2022[1]. Une soi-disant « équipe cold case » autoproclamée, dirigée par un ancien employé du FBI, avait prétendument déterminé qui était le traître et avait identifié le notaire juif Arnold van den Bergh. Un groupe d'historiens s'opposa à cette version et releva des lacunes méthodologiques dans les recherches, qui furent reprises dans le livre. La maison d'édition néerlandaise Ambo Anthos retira le livre du commerce aux Pays-Bas et s'excusa publiquement. Depuis des décennies, la question de la trahison d'Anne Frank ne cesse de circuler.

L'histoire de Karl Josef Silberbauer, qui avait arrêté les clandestins dans l'Annexe le 4 août 1944, trouva également une suite. Simon Wiesenthal l'avait retrouvé en octobre 1963 au terme de recherches approfondies. Le policier fut suspendu de ses fonctions et une procédure fut engagée contre lui. Quand la suspension fut finalement levée, le motif de la décision était le suivant : « Il n'a pas pu être prouvé qu'il avait connaissance, pendant la période nazie, de l'extermination systématique des juifs dans les camps de concentration à l'Est. Karl Silberbauer n'était qu'un fonctionnaire de police subalterne, à qui l'on n'avait

1. Paris, HarperCollins France, 2022.

certainement pas confié l'un des plus grands secrets des plus hauts dirigeants du Reich allemand. »

Le policier, accoudé à la table de sa cuisine, accorda à la presse autrichienne des interviews qui eurent un retentissement médiatique important. La célèbre victime exposait le coupable au feu des projecteurs : on en avait trouvé un, mais il ne manifestait aucun remords. Durant les dernières années de sa vie, Silberbauer travailla au service interne de la police viennoise, où il sélectionnait les empreintes digitales et les photos de criminels. Il n'exerçait plus aucune mission pour le service extérieur.

Queerness

Les initiatives autour d'Anne Frank et de son *Journal* s'inscrivent, comme nous l'avons vu, dans une démarche d'éducation sociale. En 2019, dans le cadre de sa Hirschfeld Lecture sur l'homophobie et la Shoah, l'historienne tchéco-britannique Anna Hájková fit référence à une thématique qui n'apparaît guère dans la perception publique d'Anne Frank : la question de la « queerness », d'un désir précoce ou d'une ébauche de désir homosexuel chez Anne Frank. Anna Hájková cite un passage du journal intime du 6 janvier 1944. Il se trouve dans la version A. Anne Frank ne le reprit pas dans la version B.

Anne décrit comment, en tant que fille, elle était « curieuse » de voir le corps de Jacque – il s'agit de Jacqueline van Maarsen – : « Je lui ai demandé si, en gage de notre amitié, nous pourrions nous palper mutuellement les seins. Jacque a refusé[1]. » Et Anne décrit comment elle est en extase chaque fois qu'elle voit une silhouette de femme nue, et elle conclut : « Si seulement j'avais une amie[2] ! »

Lorsque Jacqueline van Maarsen prit connaissance de ce passage du journal dans les années 1990, elle aurait été très

1. Entrée du 6 janvier 1944.
2. *Ibid.*

« choquée ». Anne Frank, en tout cas, ne retranscrivit pas ce passage dans sa version B. Redoutait-elle la réaction de son amie ? Nous ne le saurons jamais. Nous apprenons seulement que *Le Journal d'Anne Frank* apporte aussi quelques éléments à la compréhension actuelle de la « queerness ».

La franchise d'Anne Frank concernant son corps, sa curiosité pour la sexualité furent remarquées à maintes reprises. Elles ne sont pas inhabituelles pour une fille de son âge. Ce qui est inhabituel, c'est la manière dont elle a su les présenter.

En revanche, dans les bibliothèques et les écoles de certains États américains, on s'efforce de mettre le *Journal* à l'index parce qu'il serait prétendument trop permissif pour satisfaire aux critères de la moralité évangélique. Le *Journal* continue à vivre aussi dans ce domaine, et son autrice fait ce dont elle parle assez souvent : Anne Frank rit.

Épilogue

Livre d'histoire ou belle littérature ?

Le Journal d'Anne Frank relève-t-il de la littérature documentaire et peut-on dire qu'il est, dans son adaptation théâtrale, une pièce documentaire ? C'est en tout cas sous cet angle qu'il a été lu, vu et appréhendé. Cette approche détermine néanmoins la compréhension du texte et exclut d'y voir une œuvre d'art.

Nicolas Berg a qualifié le *Journal* de « classique des sources depuis les années 1950 ». Il est devenu peu après sa parution « *le* document sur la Shoah ». Dans son ouvrage exhaustif consacré à la Shoah et aux historiens ouest-allemands, Berg souligne à quel point ce principe documentaire pose problème. Le fait que chaque assertion soit « étayée par des documents », comme l'avait prétendu un historien dans un ouvrage documentaire antérieur sur le Troisième Reich, ignore selon Berg les enjeux essentiels, à savoir que « les difficultés ne commencent qu'avec l'exigence d'objectivité projetée sur l'œuvre ».

Or *Le Journal d'Anne Frank* ne satisfait pas à une telle exigence d'objectivité. Il décrit des faits historiques, certes sous une forme littéraire. Mais il ne s'agit pas d'une source historique au sens habituel du terme, plutôt d'un roman d'initiation, d'une chronique familiale et d'une histoire d'amour tout à la fois. Les éléments littéraires portent tous une empreinte historique. C'est ainsi que l'image du marronnier derrière la maison du

Prinsengracht ne peut avoir été conçue que par une recluse qui observe l'alternance des saisons depuis la lucarne du toit, de même que l'amour pour Peter est induit par ce destin de clandestine. Parallèlement, Anne Frank évoque le contexte historique de son époque à travers un kaléidoscope de digressions littéraires.

Les discussions décisives sur *Le Journal d'Anne Frank* n'ont pas été menées en Allemagne, mais aux États-Unis, et le plus souvent par des juives et des juifs, comme l'a montré Hanno Loewy en 1998. C'est surtout Sander Gilman avec son livre sur la haine de soi juive qui a influencé dans une large mesure la compréhension du *Journal* aux États-Unis : l'universalisation de la souffrance et de la persécution à l'œuvre dans la version théâtrale du *Journal* a fait disparaître son caractère historique.

Et la pièce elle-même a disparu peu après des programmations de théâtres pour céder la place à d'autres pièces telles que *Le Vicaire* de Rolf Hochhuth et *L'Instruction* de Peter Weiss dans les années 1960.

« Anne Frank the writer. An unfinished story » [Anne Frank l'écrivaine. Une histoire inachevée] était le titre d'une exposition, organisée en 2003 par le Holocaust Memorial Museum à Washington, et rappelait l'une des facettes d'Anne Frank encore à découvrir, celle de l'écrivaine… une histoire inachevée.

Nouveaux médias : TikTok et Instagram

Le *Journal* vit aujourd'hui dans les nouveaux médias, non pas sous forme de livre, mais comme phénomène qu'on ne peut plus distinguer de l'autrice elle-même. Anne Frank est omniprésente sur TikTok, sous forme de photos, de vidéos ou de textes. Des millions d'internautes recherchent son nom et tombent sur l'année 1942, les objets ayant appartenu à la jeune fille dans sa cachette, le papier et les cahiers sur lesquels elle écrivait, son quatre-vingt-quinzième anniversaire le 12 juin 2024 et bien d'autres choses encore qui ne constituent pas le cœur du *Journal*, mais au contraire en découlent.

Une première analyse de la présence d'Anne Frank sur TikTok montre que cinq résultats sur dix révèlent un rapport « sérieux » à la personne d'Anne Frank, tandis que deux sont en moyenne dépréciatifs et un sur dix se réfère expressément au *Journal*.

La plupart des utilisateurs de TikTok ont entre dix-huit et vingt-quatre ans. On ne trouve en règle générale dans leurs commentaires sur Anne Frank aucune citation provenant du *Journal*. Il s'agit plutôt de phénomènes dérivés – les rues ou les écoles qui portent son nom, les centres ou initiatives Anne Frank. Le film d'Ari Folman *Où est Anne Frank !* a suscité pendant quelque temps un véritable engouement, sous forme de courtes vidéos et d'images isolées, accompagnées de brèves questions telles que « Quel est cet endroit ? » ou « Qui est-elle ? », ou encore d'assertions tout aussi laconiques comme « Tout est Anne Frank » ou « Le mystère Anne Frank ».

En juin 2024, le nombre d'abonnés au compte officiel de la Maison Anne Frank dépassait les deux cent mille et le million de likes. Cela est à mettre en relation avec le nombre élevé de visiteurs de la maison à Amsterdam, de l'ordre de plusieurs centaines de milliers par an. Sur Instagram, *Le Journal d'Anne Frank* est davantage présent sous forme de citations ou de références. Cela tient sûrement au fait que l'utilisateur d'Instagram est plus âgé et adopte des positions politiques plus tranchées. La volonté d'Otto Frank et du Anne Frank Fonds d'énoncer des conclusions politiques claires à partir du destin d'Anne et des autres clandestins – contre l'antisémitisme, pour un humanisme du vivre-ensemble et de l'éducation politique – est plus présente et plus vivante sur Instagram que sur TikTok.

Le Journal d'Anne Frank est lu aujourd'hui, comme beaucoup d'autres livres d'ailleurs, en version abrégée, sous forme de fragments, de citations ou parfois même résumé en quelques mots. La lecture se concentre sur des mots-clés, des formules de ralliement. L'icône Anne Frank masque souvent ce qui a fait d'elle cette icône : son *Journal.*

Bob Dylan

Tout nouvel enregistrement de Bob Dylan est attendu dans le monde entier avec énormément d'impatience. On écoute aujourd'hui Dylan autant qu'on lit l'auteur. Et en 2020, en pleine crise mondiale du Covid, Bob Dylan sortait un nouveau single intitulé « I contain multitudes ».

Bob Dylan se décrit dans cette chanson de quatre minutes comme une multiplicité de l'Un : Indiana Jones, Rolling Stones et Anne Frank. À la question du *New York Times* lui demandant pourquoi il associait Anne Frank à Indiana Jones, Bob Dylan répondit :

Son histoire signifie beaucoup. C'est profond, difficile à articuler ou à paraphraser, surtout dans la culture moderne. Tout le monde a une capacité d'attention si courte. Mais vous sortez le nom d'Anne Frank de son contexte, elle fait à vrai dire partie d'une trilogie. Vous pourriez tout aussi bien demander : Qu'est-ce qui vous a décidé à inclure Indiana Jones ou les Rolling Stones ? Les noms eux-mêmes ne sont pas solitaires. Il n'est pas pertinent d'entrer dans les détails. La chanson est comme un tableau, on ne peut pas tout voir d'un coup si on se tient trop près. Les morceaux individuels ne sont qu'une partie du tout.

Le Prix Nobel de littérature ajoute que sa chanson « I contain multitudes » est plutôt issue d'une écriture en état de transe. Chaque personne évoquée dans sa chanson a payé quelque part dans l'univers le prix de ce qu'elle représente.

Droits d'auteur

Nous avons déjà évoqué l'histoire de la genèse du *Journal d'Anne Frank*. Comme pour chaque œuvre, les droits du *Journal* sont protégés. La durée de cette protection est en Allemagne, comme dans d'autres pays, de soixante-dix ans après la mort de l'autrice ou de l'auteur. Dans quelques pays, cette durée est plus brève. Il n'y a pas de droits d'auteur à l'échelle internationale et seule l'Union européenne les a harmonisés.

Par conséquent, la protection du *Journal d'Anne Frank* aurait dû expirer en 2016, soixante-dix ans après la mort de la jeune fille. Le Anne Frank Fonds de Bâle a montré, dans le cadre d'une expertise juridique qui a fait beaucoup de bruit, que les journaux d'Anne Frank jouissent dans de nombreux pays d'une protection plus longue et a obtenu, à la suite d'une plainte déposée à Amsterdam, que la protection des versions A et B soit prolongée. La parution de la version D élaborée par Mirjam Pressler est particulièrement importante du point de vue des droits d'auteur car le texte présente une forme nouvelle qui, par le regroupement des deux versions originelles, se rapproche le plus de l'intention d'Anne Frank. Cette version est plus volumineuse d'environ un tiers.

Le Journal d'Anne Frank soulève encore d'autres questions : Peut-on appliquer une clause de protection de soixante-dix ans à une autrice morte à l'âge de quinze ans dans un camp d'extermination allemand et dont la vie d'autrice a été raccourcie de plusieurs décennies ? Ne faut-il pas ou ne devrait-on pas garantir pour les manuscrits, photos et autres biens culturels datant de l'époque de la Shoah une autre forme de protection ? Pour une durée plus longue ? Pour toujours ?

Le Journal d'Anne Frank reste protégé pour les décennies à venir. Mais ce n'est pas le cas de nombreuses œuvres d'autres victimes de la Shoah. C'est pourquoi le Anne Frank Fonds a mis sur pied l'initiative « Intellectual Property Restitution » qui accorde un délai de protection supplémentaire aux victimes de « crimes contre l'humanité » imprescriptibles.

C'est Anne Frank qui l'a dit : « Je veux continuer à vivre, même après ma mort. »

Remerciements

L'idée d'écrire l'histoire de la publication du *Journal d'Anne Frank* revient à Yves Kugelmann. Je le remercie de sa confiance, ainsi que l'ensemble du conseil d'administration du Anne Frank Fonds à Bâle. Je remercie également Rebekka Göpfert pour son soutien.

Je remercie Peter Toebak, l'archiviste du Anne Frank Fonds, pour son aide durant tout ce travail. J'ai eu grâce à lui un accès illimité aux archives. Ses connaissances et mes échanges avec lui m'ont permis de terminer ce livre. Je remercie également Barbara Eldridge pour ses conseils.

Je remercie Yelenah Frahm pour sa relecture efficace et Alexander Roesler d'avoir publié le livre aux éditions S. Fischer.

Je suis très reconnaissant envers Ursula Kömen pour ses multiples indications et corrections sur le manuscrit, et envers Timo Vogt pour ses recherches bibliographiques. Katrin Schindler-Wisten m'a fourni de nombreuses précisions sur le monde de l'édition dans la Tchécoslovaquie de l'après-guerre. Sandra Chiritescu a relu la partie consacrée au yiddish. Franziska Krah, du Centre de la famille Frank au Musée juif de Francfort, m'a permis de travailler dans les archives.

Waturu Murakami et Ursula Gräfe ont répondu à mes questions sur la réception japonaise du *Journal* et Samir Grees m'a fourni des informations précieuses sur les traductions en langue arabe du *Journal*. Je remercie également à cet égard Sultan Almaalouli de Berlin.

J'ai pu m'entretenir avec Katja Manor à Jérusalem au sujet de l'édition hébraïque du *Journal*. Je remercie Nicolas Berg de Leipzig. À la Fondation Cajewitz à Berlin, j'ai eu l'occasion de m'entretenir avec des représentants de la génération qui a lu *Le Journal d'Anne Frank* dans les années 1950. Je leur en suis très reconnaissant. Je remercie mes amis et amies pour leurs conseils et leur soutien : Andreas Kossert, Petra Hardt, Amir Eshel, Jörn Runge, Gesine Dammel, Lisa Schuldt et Matthias Schmitz.

Je remercie également Philippe Robinet pour sa confiance, Éric Dortu pour sa traduction, Michael McCaughley et Ana Wolf pour leur travail éditorial qui fait que ce livre peut être lu en français.

Bibliographie

Archives

Archives d'Otto Frank
Archives de la famille Frank
Archives d'Anne Frank
Archives littéraires allemandes de Marbach

Le Journal d'Anne Frank

Frank, Anne, *Het Achterhuis. Dagboekbrieven van 14 juni 1942 – 1 augustus 1944* [L'Annexe. Journal du 14 juin 1942 au 1er août 1944], Amsterdam, Contact, 1947.

Frank, Anne, *Le Journal d'Anne Frank*, texte établi par Otto H. Frank et Mirjam Pressler, traduction de Philippe Noble et Isabelle Rosselin, avant-propos et épilogue traduits par Nicolette Oomes, Paris, Calmann-Lévy, 1992 ; édition revue et augmentée, traduction de Philippe Noble et Isabelle Rosselin, Paris, Calmann-Lévy, 2017.

Frank, Anne, *Tagebuch* [Journal], version D, révisée par Otto Frank et traduit par Mirjam Pressler, Francfort-sur-le-Main, Fischer Taschenbuch, 2022.

Frank, Anne, *Gesamtausgabe : Tagebücher – Geschichten und Ereignisse aus dem Hinterhaus – Erzählungen – Briefe – Fotos und Dokumente* [Édition générale : Journal – Histoires et événements de l'Annexe – Récits – Lettres – Photos et documents], Francfort-sur-le-Main, Fischer Taschenbuch, 2022.

Frank, Anne, *Tagebuch Version A und B : Kommentierte und textkritische Ausgaube* [Journal des versions A et B : Éditions commentées et textuelles], sous la direction de Raphael Gross et Martin van Gelderen, Francfort-sur-le-Main, S. Fischer, 2025.

Littérature primaire (citée)

Adorno, Theodor W., « Was bedeutet : Aufarbeitung der Vergangenheit », in *Gesammelte Schriften* [Qu'est-ce que signifie : se réconcilier avec le passé, *in* Écrits rassemblés], vol. 10.2, Francfort-sur-le-Main, Suhrkamp, 1977.

Benjamin, Walter, *Enfance berlinoise vers 1900*, Paris, Hermann, 2014.

Berg, Nicolas, *Der Holocaust und die westdeutschen Historiker. Erforschung und Erinnerung* [L'Holocauste et les historiens ouest-allemands. Exploration et mémoire], Göttingen, Wallstein Verlag, 2003.

Berges, Grete, « Wiedersehen mit Hambourg » [On se reverra à Hambourg], *Hamburger Abendblatt*, 22 juillet 1953.

Borchert, Wolfgang, *Dehors devant la porte*, Marseille, Agone, 2018.

Englander, Nathan, *Parlez-moi d'Anne Frank*, Paris, Plon, 2013.

Fischer, Eva-Elisabeth, « Eine, die alle zu kennen meinen » [Quelqu'un que tout le monde pense connaître], *Süddeutsche Zeitung*, 12 mai 2014.

Frisch, Max, *Journal 1946-1949*, Paris, Gallimard, 1964.

Goes, Albrecht, *Das Brandopfer. Erzählung* [L'Holocauste. Récit], Francfort-sur-le-Main, S. Fischer, 1954.

Guberman, Lena, Folman, Ari, *Où est Anne Frank !*, Paris, Calmann-Lévy, 2021.

Hackett, Albert, Goodrich, Frances, *Le Journal d'Anne Frank* (pièce de théâtre), Oxford, Heinemann Educational, 1991.

Hass, Kurt, *Jugend unterm Schicksal. Lebensberichte junger Deutscher 1946-1949* [Jeunesse sous le destin. Témoignages de jeunes Allemands 1946-1949], Hambourg, Christian Wegner, 1950.

Hillesum, Etty, *Une vie bouleversée* suivi de *Lettres de Westerbork*, Paris, Seuil, 1995.

Levin, Meyer, *The Obsession* [L'Obsession], New York, Simon & Schuster, 1973.

LEVIN, Meyer, « "Diary of Anne Frank" Stage Play Evades Book's Universal Theme » [La pièce de théâtre « Journal d'Anne Frank » échappe au thème universel du livre] *The National Jewish Post*, 14 octobre 1955.

LEVIN, Meyer, « The Girl behind the Secret Door » [La Fille derrière la porte secrète], *The New York Times Book Review*, 15 juin 1952.

LOEWY, Hanno, « Das gerettete Kind : Die Universalisierung der Anne Frank » in *Deutsche Nachkriegsliteratur und der Holocaust* [L'Enfant sauvé : L'universalisation d'Anne Frank *in* La Littérature allemande d'après-guerre et l'Holocauste], Francfort-sur-le-Main, Campus, 1998.

FONDATION NELSON MANDELA, *Discours du président Nelson Mandela lors de l'ouverture de l'exposition Anne Frank au Museum Africa*, Johannesbourg, 15 août 1994, http://www.mandela.gov.za/mandela_speeches/1994/940815_annefrank.htm.

MUHLEN, Norbert, « Anne Franks Heimkehr » [Le Retour d'Anne Frank], *Der Monat 9*, p. 79-82.

MÜLLER, Melissa, *La Vie d'Anne Frank*, Paris, Perrin, 2001.

NOSSACK, Hans Erich, *L'Effondrement*, Genève, Héros-Limite, 2021.

POLONSKY, David, FOLMAN, Ari, *Le Journal d'Anne Frank – Roman graphique*, Paris, Calmann-Lévy, 2017.

REICHMANN, Eva G., *Größe und Verhängnis deutsch-jüdischer Existenz – Zeugnisse einer tragischen Begegnung* [Grandeur et destin de l'existence germano-juive – Témoignages d'une rencontre tragique], Heidelberg, Lambert Schneider, 1974.

REICHMANN, Eva G., *Die Flucht in den Hass : Die Ursachen der deutschen Judenkatastrophe* [La Fuite dans la haine : Les causes de la catastrophe juive allemande], Francfort-sur-le-Main, EVA, 1956.

ROMEIN, Jan, « Kinderstem » [Voix d'enfant], *Het Parool*, 3 avril 1946.

ROTH, Philip, *L'Écrivain des ombres*, Paris, Gallimard, 1981.

SCHNABEL, Ersnt, *Sur les traces d'Anne Frank*, Paris, Albin Michel, 1958.

SOMBART, Nicolaus, *Rendez-vous mit dem Weltgeist : Heidelberger Reminiszenzen 1945-1951* [Rendez-vous avec l'esprit du monde :

Souvenirs d'Heidelberg 1945-1951], Francfort-sur-le-Main, Elfenbein, 2022.
STEINER, George, « Le Miracle creux » in *Langage et Silence*, Paris, Les Belles Lettres, 2010.
WILSON, Cara, *Alles Liebe, Otto. Das Erbe Anne Frank – Der Briefwechsel zwischen Cara Wilson und Otto Frank* [Pensées, Otto. L'héritage d'Anne Frank – La correspondance entre Cara Wilson et Otto Frank], Bâle, Perseus Verlag, 1997.
WOLF, Christa, *Trame d'enfance*, Paris, Stock, 2009.

Littérature

ADLER, H. G., *Theresienstadt 1941-1945. Das Antiliz einer Zwangsgemeinschaft – Geschichte, Soziologie, Psychologie* [Theresienstadt 1941-1945. Le visage d'une communauté forcée – histoire, sociologie, psychologie], Tubingue, Mohr, 1955.
BAILEY, Blake, *Philip Roth : Biographie*, Paris, Gallimard, 2022.
BARNOUW, David, *Das Phänomen Anne Frank* [Le Phénomène Anne Frank], Essen, Klartext, 2015.
BERDIAEV, Nikolai, *Le Christianisme et l'Antisémitisme*, Paris, Éditions de l'Académie religieuse et philosophique russe, 1938.
BEUYS, Barbara, *Leben mit dem Feind. Amsterdam unter deutscher Besatzung 1940-1945* [Vivre avec l'ennemi. Amsterdam sous occupation allemande 1940-1945], Munich, Carl Hanser, 2012.
BRAESE, Stephan, *Die andere Erinnerung – Jüdische Autoren in der westdeutschen Nachkriegsliteratur* [L'Autre Mémoire – Les auteurs juifs dans la littérature ouest-allemande d'après-guerre], Berlin et Vienne, Philo, 2001.
BURGESS, Gordon J. A., « Wolfgang Borchert », avec la contribution de Rolf Italiaander, Heinrich Böll et Bernd M. Kraske, in *Hamburger Bibliographien*, volume 24, publié par l'Académie libre des arts d'Hambourg en collaboration avec la Bibliothèque d'État et universitaire Carl-von-Ossietzky à Hambourg, Hambourg, Hans Christians, 1985.
GILMAN, Sander L., « The Dead Child Speaks : Reading *The Diary of Anne Frank* » [L'enfant mort parle : Lecture du Journal d'Anne

Frank] in *Études sur la littérature juive américaine*, vol. 7, n° 1, Penn State University Press, 1988.

GILMAN, Sander L., *Jüdischer Selbsthaß. Antisemitismus und die verborgene Sprache der Jügen* [La Haine de soi des juifs. Antisémitisme et langage caché des jeunes], Francfort-sur-le-Main, Jüdischer Verlag, Suhrkamp, 1993.

GOODMAN, David G., MASANARI, Miyazawa, *Jews in the Japanese Mind. The History and Uses of a Cultural Stereotype* [Les Juifs dans l'esprit japonais. L'histoire et les usages d'un stéréotype culturel], Los Angeles, The Free Press, 1995.

GRAVER, Lawrence, *An Obsession with Anne Frank : Meyer Levin and the « Diary »* [Une obsession pour Anne Frank : Meyer Levin et le « Journal »], Berkeley, University of California Press, 1995.

GUTMAN, Israel (avec la collaboration de Sara Bender), *Lexikon der Gerechten unter den Völkern – Deutsche und Österreicher* [Lexique des Justes parmi les Nations – Allemands et Autrichiens], Göttingen, Wallstein, 2005.

HÁJKOVÁ, Anna, *Menschen ohne Geschichte sind Staub. Homophobie und Holocaust* [Les gens sans histoire sont de la poussière. Homophobie et Holocauste], Göttingen, Wallstein, 2021.

HARTMANN, Christian, *Hitler, Mein Kampf : Eine kritische Edition* [Hitler, Mein Kampf : Une édition critique], Munich, Institut für Zeitgeschichte, 2016.

HEIMSATH, Katja, *« Trotz allem glaube ich an das Gute im Menschen. » Das Tagebuch der Anne Frank und seine Rezeption in der Bundesrepublik Deutschland* [« Malgré tout, je crois encore à la bonté innée des hommes. » Le Journal d'Anne Frank et sa réception en République fédérale d'Allemagne], Hambourg, Hamburg University Press, 2013.

KIRSCHNICK, Sylke, *Anne Frank und die DDR. Politische Deutungen und persönliche Lesarten des berühmten Tagebuchs* [Anne Frank et la RDA. Interprétations politiques et lectures personnelles du célèbre journal], Berlin, Ch. Links, 2009.

KITTEL, Manfred, *Die Legende von der « Zweiten Schuld ». Vergangenheitsbewältigung in der Ära Adenauer* [La Légende de la « deuxième culpabilité ». Se réconcilier avec le passé à l'époque Adenauer], Berlin/Francfort-sur-le-Main, Ullstein, 1993.

Kraske, Bernd M., « Die mutige “Akademische”. Erinnerung an eine nicht alltägliche Zeitschrift » [Le Courageux « Universitaire ». Rappel d’un magazine insolite], *Die Zeit*, 13 juin 1986.

« Kultusminister greift durch : Studienrat Stielau suspendiert » [Le ministre de la Culture intervient : Le conseiller des études Stielau suspendu], *Kieler Nachrichten*, 7 janvier 1959.

Lee, Carol Ann, *Otto, père d’Anne Frank*, Paris, Ramsay, 2006.

Leopold, Ronald, *Anne Frank*, Munich, C. H. Beck, 2023.

Malinowski, Stephan, *Die Hohenzollern und die Nazis : Geschichte einer Kollaboration* [Les Hohenzollern et les nazis : Histoire d’une collaboration], Berlin, Propyläen, 2021.

Merseburger, Peter, *Theodor Heuss. Der Bürger als Präsident* [Théodore Heuss. Le président citoyen], Munich, DVA, 2012.

Mitscherlich, Alexander, Mitscherlich Margarete, *Le Deuil impossible. Les fondements du comportement collectif*, Paris, Payot, 2005.

Onderlinden, Sjaak (dir.), *Interbellum und Exil* (publications sur la langue et la littérature), vol. 90, Amsterdam, Rodopi, 1991.

Ozick, Cynthia, « Who owns Anne Frank ? » [À qui appartient Anne Frank ?], *The New Yorker*, 6 octobre 1997.

Paape, Abrahm Harry, *De dagboeken van Anne Frank* [Le Journal d’Anne Frank], Minnaepolis, University of Minnesota, 1986.

Pick-Goslar, Hannah, *My Friend Anne Frank : The Inspiring and Heartbreaking True Story of Best Friends Torn Apart and Reunited Against All Odds* [Mon amie Anne Frank : L’histoire vraie, inspirante et déchirante, de meilleures amies séparées et réunies contre vents et marées], New York, Hachette Book Group, 2023.

Pressler, Mirjam, *Nous imaginions la vie autrement*, Paris, Calmann-Lévy, 2022.

Rand, Robert, « The Diary of Anne » [Le Journal d’Anne], *Tablet* [en ligne], 12 juin 2018.

Schnabel, Ernst, « Antwort an den Studienrat » [Réponse au conseil étudiant], *Welt am Sonntag*, 1959.

Schönau, Birgit, « Eklat bei Lazio Rom : Die Verhöhnung der Anne Frank » [Scandale à la Lazio Rome : Les moqueries d’Anne Frank], *Süddeutsche Zeitung*, 25 octobre 2017.

STEIN, Hannes, « Die liberale Zeitzeugin, die an Anne Frank erinnert » [Le témoin libéral contemporain qui n'est pas sans rappeler Anne Frank], *Die Welt*, 11 juin 2019.

STIELAU, Lothar, « Stimmen zum Spiel – Tom Saywers großes Abenteuer » [Voix sur le jeu – La grande aventure de Tom Saywer], Association d'anciens élèves et amis du lycée Oberschule zum Dom, Lübeck, 10 octobre 1958.

SULLIVAN, Rosemary, *Qui a trahi Anne Frank ?*, Paris, HarperCollins France, 2022.

SZONDI, Peter, *Théorie du drame moderne 1880-1950*, Lausanne, L'Âge d'Homme, 1983.

VAN IPEREN, Roxane, *Un refuge pour l'espoir. D'Amsterdam à Auschwitz, l'odyssée de deux sœurs résistantes juives*, Paris, Alisio, 2021.

VAN MAARSEN, Jacqueline, *Je m'appelle Anne, dit-elle, Anne Frank*, Paris, Galaade, 2007.

VOGEL, Rolf, *Der deutsch-israelische Dialog : Dokumentation eines erregenden Kapitels deutscher Außenpolitik* [Le Dialogue germano-israélien : Documentation d'un chapitre passionnant de la politique étrangère allemande], vol. 6, Munich, Saur, 1989.

WAGNEROVÁ, Alena, « Als Janouch mir entgegenkam » [Quand Janouch est venu vers moi], *Neue Zürcher Zeitung*, 4 novembre 2006.

« Was schrieb das Kind ? » [Qu'a écrit l'enfant ?], *Der Spiegel*, 1er avril 1959.

ZWIGENBERG, Ran, « Why are the Japanese So Fascinated with Anne Frank ? » [Pourquoi les Japonais sont-ils si fascinés par Anne Frank ?], *Haaretz*, [en ligne], 22 janvier 2014.

Films

La vie commence demain, film documentaire, Nicole Vedrès, 1950.

Het Wonder van Anne Frank [Le miracle d'Anne Frank], film documentaire, Jan Vrijman, 1959.

Le Journal d'Anne Frank, George Stevens, 1959.

Où est Anne Frank !, Ari Folman, 2021.

Crédits iconographiques

Toutes les images du cahier photo proviennent du © Anne Frank Fonds à Bâle, à l'exception des suivantes :

Page 152 : Simon Fujiwara, *Likeness*, 2018. Sculpture en cire, bureau vintage, chaise, lampe et objets, rampe, vidéo à deux écrans en couleur avec du son : 19 min 34 sec, dimensions globales variables, exposée au Preis der Nationalgalerie, Hamburger Bahnhof, Berlin, 2019. Photographie d'Andrea Rossetti fournie par l'artiste ; Dvir Gallery, Gio Marconi, Taro Nasu, et Esther Schipper.

Page 154 : © Anne Frank Fonds, Bâle/Getty Images

Page 156 : Reproduits avec l'aimable autorisation du Théâtre Montparnasse

Page 160 : © Arnold Newman/Getty Images

Page 164 : © Penta Springs Limited/Alamy Banque d'images

Page 172 : © All Star Picture Library Limited/Alamy Banque d'images

Page 176 : © Granger/Bridgeman Images

Table des matières

Composition et mise en pages
Nord Compo à Villeneuve-d'Ascq
Achevé d'imprimer en janvier 2025
par Normandie Roto Impression s.a.s., 61250 Lonrai
pour le compte des éditions Calmann-Lévy
21, rue du Montparnasse 75006 Paris
commercial@calmann-levy.fr

PAPIER CERTIFIÉ

CALMANN LEVY s'engage pour l'environnement en réduisant l'empreinte carbone de ses livres. Celle de cet exemplaire est de :
300 g éq. CO_2
Rendez-vous sur www.calmann-levy-durable.fr

N° d'éditeur : 6859879/01
N° d'imprimeur : 2406066
Dépôt légal : février 2025
Imprimé en France